유키상의 페라 ペラ ペラ 페라

일본어회화

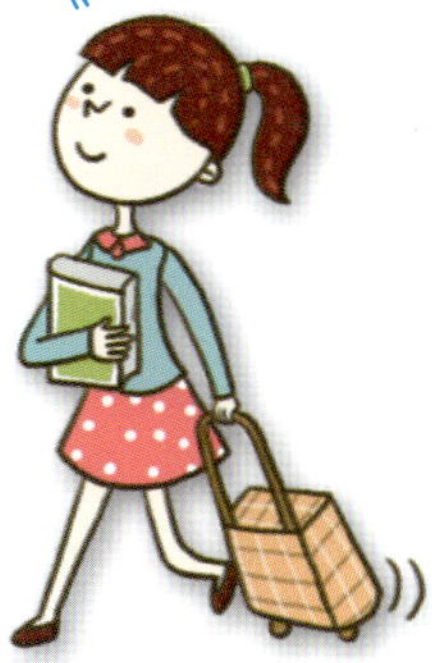

JPLUS
Language Publishing Co.

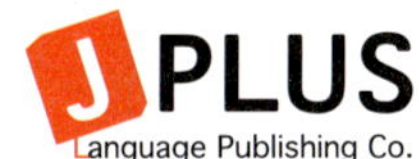

머리말

　외국어 학습자들의 공통적인 희망사항은 체계적으로 빠른 시일에 듣기와 말하기를 마스터하는 것입니다. 그들 중에는 "히어링은 좀 되는데 말하는 게 좀 어렵다"는 사람들도 많습니다. 어떻게 하면 배운 언어를 실제로 사용할 수 있을까? 많은 사람들이 고등학교 때나, 대학교에서 제2 외국어로, 혹은 교양과목으로 일본어를 접하지만 실상 회화가 가능한 사람은 많지 않은 것 같습니다.

　이러한 점을 고려하여 본 교재는 들을 수 있고, 말할 수 있는, 통하는 일본어 즉 Communicative Competence(의사소통능력)를 보다 쉽고, 보다 체계적인 방법으로 학습할 수 있도록 디자인된 초급 일본어 회화 책입니다. 이 책의 가장 두드러진 장점은 탄탄한 문법을 기초로 한 Short Talk와 일본어다운 일본어로 실 상황에서 활용할 수 있는 Model Talk입니다. 처음부터 긴 문장을 대하는 것은 무척 부담스러운 일이지만, 짧은 문형을 차근차근 반복하여 연습함으로써, 자연스럽고, 살아있는 회화가 이루어지도록 유도합니다. 또한 다양하고 풍부한 어휘를 제시함으로 표현의 폭을 한층 넓혀주며, Situational Drill(상황연습)과 Adaptation Drill(장면적용연습)을 위한 Model Talk 와 Class Activities는 배운 내용을 학습자의 상황에 맞게 응용할 수 있는 힘을 길러 줍니다.

　개인적으로 일본어 학습에 있어 강조하고 싶은 것은 정확한 발음 연습과 적절한 표현 연습입니다. 한 마디를 하더라도 정확하고, 적절하게 말하는 것은 말하는 사람을 돋보이게 할 뿐만 아니라 다음 단계로 나아가게 하는 자신감을 더하여 줄 것입니다.

　아무쪼록 필자의 노력이 작으나마 일본어 학습자에게 알찬 길잡이가 되었으면 하는 바람입니다.

　끝으로 이 책이 나오기까지 도와 주신 이기선 실장님과 제이플러스의 식구들, 감수에 애써주신 고바야시 선생님, 후쿠자와 선생님, 기도로 지켜봐 준 우리 가족들과 하나님께 깊은 감사를 드립니다.

김수지

　80年代後半から韓国人学習者に日本語を教える仕事をしてきましたが、その頃の書店の日本語学習書コーナーは本当に貧弱なものだったと思います。内容的にもそうでしたし、今では考えられないようなミスプリントの多い状態のまま、書棚に並んで売られていました。その後徐々に増えはじめ、内容も豊富になり、ここ何年かは実にたくさんの、そして様々な学習書が、次々と出されています。私達のこの『ゆきさんのペラペラ日本語会話』もその中の一つなわけですが、私達は次のようなことを念頭において、この本を作りました。

　それは、本文、練習問題、その他例文を問わず、その学習書に出てくるすべての日本語表現が、初級学習者が「そのまま覚えて使えるもの」でなければならないということです。今まで使った教材の中には、その課の学習項目には合っているけれども、実際にこんなふうに言うかしらと首をかしげたくなるような表現がしばしば出てきて、そのたびに教室でコメントをつけていました。

　それで、どのダイアローグもどの表現も、実際の場面において無理なくそのまま使えるようなものに、またセンテンスの長さも、初級学習者が覚えてすらすら口にできる長さに、そしてダイアローグの自然さのために未学習の文型もさらっと入れてしまうというのは避けて、一つ一つ既習項目の上に積み上げていく内容にしました。

　さらに本文の構成において、一つの課の本文がいくつかの Short Talkに分かれていて、そこで一つ一つの学習項目の確認・練習を十分にしてから、それらを取り混ぜた実際の場面での会話 Model Talk および Class Activitiesに入るようになっています。これは学習者にとって効果的であるだけでなく、教える側にとっても授業の進めやすい構成だと思われます。これらの点は、一見地味ではありますが、結局は学習者が基礎力と応用力を身につけながら次の段階へと進んでいくのに役立つものと、私達は考えます。本書がみなさんの日本語学習第一段階の、信頼できる手引きとなることができればと願っています。

　この本をまとめる過程で、二度にわたって相当な量の修正及び追加事項が出されたのにもかかわらず、よい教材にするためならと、快よく最大限受け入れてくださったJプラスのイ・ギソン室長ほかスタッフの皆さんに、心から感謝いたます。それから、 native speakerとしてのきめこまやかなセンスでもって貴重な意見を出してくださった高橋美穂子さんにも、改めてお礼を申し上げたいと思います。

小林　爽子

차례

文字と発音
글자와 발음

1. ひらがな

2. カタカナ

ひらがな

	あ行	か行	さ行	た行	な行	は行	ま行	や行	ら行	わ行
あ段	あ a	か ka	さ sa	た ta	な na	は ha	ま ma	や ya	ら ra	わ wa
い段	い i	き ki	し shi	ち chi	に ni	ひ hi	み mi	い i	り ri	い i
う段	う u	く ku	す su	つ tsu	ぬ nu	ふ hu	む mu	ゆ yu	る ru	う u
え段	え e	け ke	せ se	て te	ね ne	へ he	め me	え e	れ re	え e
お段	お o	こ ko	そ so	と to	の no	ほ ho	も mo	よ yo	ろ ro	を o
										ん n

が ga	ざ za	だ da
ぎ gi	じ ji	ぢ ji
ぐ gu	ず zu	づ zu
げ ge	ぜ ze	で de
ご go	ぞ zo	ど do

ば ba	ぱ pa
び bi	ぴ pi
ぶ bu	ぷ pu
べ be	ぺ pe
ぼ bo	ぽ po

濁音 탁음　　　　半濁音 반탁음

質問　① た行の　う段は?　　④ が行の　え段は?

　　　② ま行の　お段は?　　⑤ ざ行の　お段は?

　　　③ ら行の　い段は?　　⑥ ぱ行の　い段は?

カタカナ

	ア行	カ行	サ行	タ行	ナ行	ハ行	マ行	ヤ行	ラ行	ワ行
ア段	ア a	カ ka	サ sa	タ ta	ナ na	ハ ha	マ ma	ヤ ya	ラ ra	ワ wa
イ段	イ i	キ ki	シ shi	チ chi	ニ ni	ヒ hi	ミ mi	イ i	リ ri	イ i
ウ段	ウ u	ク ku	ス su	ツ tsu	ヌ nu	フ hu	ム mu	ユ yu	ル ru	ウ u
エ段	エ e	ケ ke	セ se	テ te	ネ ne	ヘ he	メ me	エ e	レ re	エ e
オ段	オ o	コ ko	ソ so	ト to	ノ no	ホ ho	モ mo	ヨ yo	ロ ro	ヲ o
										ン n

ガ ga	ザ za	ダ da
ギ gi	ジ ji	ヂ ji
グ gu	ズ zu	ヅ zu
ゲ ge	ゼ ze	デ de
ゴ go	ゾ zo	ド do

バ ba	パ pa
ビ bi	ピ pi
ブ bu	プ pu
ベ be	ペ pe
ボ bo	ポ po

★ 컴퓨터에 로마자로 입력할 때 を는 wo로, ん은 nn으로 입력하고, じ와 ぢ는 각각 zi, di로, ず와 づ는 각각 zu와 du로 입력한다.

ひらがな…清音（せいおん） Track 01

| あ行 | あ | い | う | え | お |

한국어의 '아이우에오'와 같이 발음한다.

| か行 | か | き | く | け | こ |

か행 발음은 한국어의 '까'나 '카' 소리보다 더 부드럽게 발음한다. た행과 ぱ행도 마찬가지이다.

| さ行 | さ | し | す | せ | そ |

한국어의 '사시스세소'와 같이 발음한다. 'す'를 '수'로 발음하지 않도록 주의한다.

| た行 | た | ち | つ | て | と |

한국어의 '타치츠테토'와 비슷하지만 너무 강하게 발음하지 않도록 한다.

| な行 | な | に | ぬ | ね | の |

한국어의 '나니누네노'와 같이 발음한다.

혼동하기 쉬운 글자

ね	れ	わ		き	さ
ぬ	め			い	り
は	ほ			る	ろ

は行	は	ひ	ふ	へ	ほ

한국어의 '하히후헤호'와 같이 발음한다. 단, 중성이나 종성에 올 때 발음이 약해지지 않도록 주의한다.

ま行	ま	み	む	め	も

한국어의 '마미무메모'와 같이 발음한다.

や行	や		ゆ		よ

한국어의 '야유요'와 같이 발음한다. や행은 세 개뿐이다.

ら行	ら	り	る	れ	ろ

한국어의 '라리루레로'와 같이 발음한다.

わ		を		ん

차례대로 '와 오 응'으로 발음한다. を는 목적격 조사 '을/를'로만 쓰인다.

잘못 쓰기 쉬운 글자(빈칸에 글자를 써보세요.)

い			せ		
う			ほ		
か			ん		

ひらがな…확인연습 다음 단어를 읽어보세요. `Track 02`

いえ 집

いけ 연못

えき 역

かき 감

かさ 우산

おすし 초밥

ちかてつ 지하철

なす 가지

おかね 돈

はこ 상자

ふね 배

むし 벌레

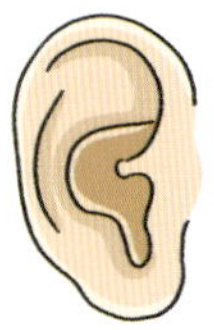

みみ 귀

ゆき 눈

さくら 벚꽃

さる 원숭이　　わに 악어　　みかん 귤

확인연습　다음 빈칸에 들어갈 히라가나를 쓰시오.

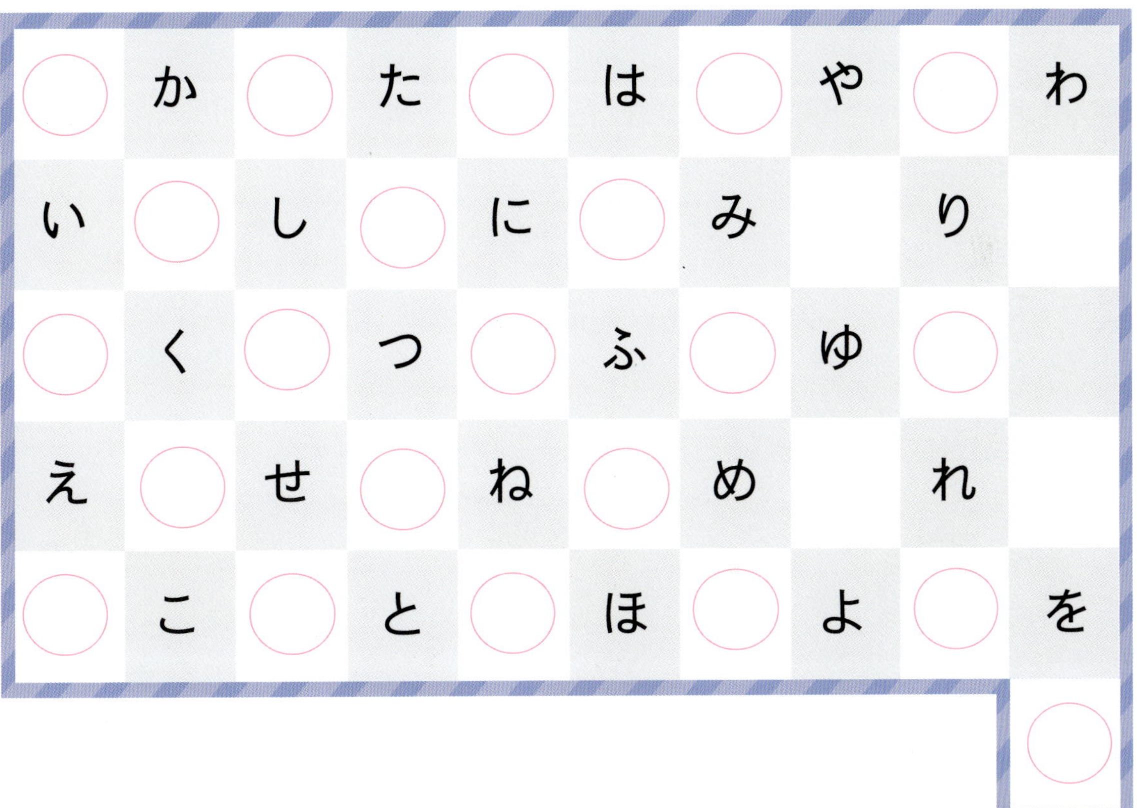

濁音 (が・ざ・だ・ば行) ・ 半濁音 (ぱ行)

が行	が	ぎ	ぐ	げ	ご

한국어의 '가기구게고'와 비슷하지만, 초성에서는 [g]음으로, 중간이나 끝에 올 때는 [g]도 되고, [ŋ]도 된다.

ざ行	ざ	じ	ず	ぜ	ぞ

한국어의 '자지즈제조'와 비슷하지만, 흔히 요음에서 나오는 'じゃじゅじぇじょ'로 발음하기 쉬우므로 주의해야 한다.

だ行	だ	ぢ	づ	で	ど

한국어의 '다지즈데도'와 같이 발음하는데, 'ぢ' 'づ'는 'じ' 'ず'와 발음이 같은데, 주로 'じ' 'ず'가 많이 쓰인다.

ば行	ば	び	ぶ	べ	ぼ

한국어의 '바비부베보'와 같이 발음한다.

ぱ行	ぱ	ぴ	ぷ	ぺ	ぽ

한국어의 '파피푸페포'와 비슷하다.

확인연습 다음 단어를 읽어보세요.

めがね 안경

りんご 사과

ざる 바구니

すずめ 참새

ともだち 친구

ぶた 돼지

3 拗音 ようおん Track 04

요음	や	ゆ	よ

き, ぎ, し, じ, ち, に, ひ, び, ぴ, み, り에 やゆよ를 반크기로 작게 써서 반모음으로 발음한다.

확인연습 다음 발음을 서로 비교해 보세요.

1.

いしや 석공 3박
いしゃ 의사 2박

2.

じゆう 자유 3박
じゅう 10 2박

3.

びよういん 미장원 5박
びょういん 병원 4박

★ 박자에 대해

일본어 발음에서 중요한 포인트 중의 하나가 박자개념이다. 각 글자는 한 박자의 길이를 정확히 지켜서 발음해야 한다. 단, 예외로 요음만은 글자 하나에 1박자가 아니라 きゃ(캬) きゅ(큐) きょ(쿄)처럼 1박자로 발음해야 한다. 가령 いしやと 3박자지만, いしゃ는 2박자로 발음한다.

4 促音 そくおん `Track 05`

つ	つ를 반크기로 작게 써서 ㅅ과 같은 받침역할을 한다.

확인연습 다음 발음을 서로 비교해 보세요. 몇 박자인지도 체크해보세요.

1. 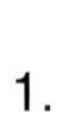     おと 소리
    おっと 남편

2.     かこ 과거
    かっこ 괄호

3.     がか 화가
    がっか 학과

4.     いち 1
    いっち 일치

5 <ruby>長音<rt>ちょうおん</rt></ruby> 앞글자의 모음을 한 박자 길게 발음한다. 가타카나는 「ー」로 표기한다.　Track 06

長音	あ段의 長音 … あ	い段의 長音 … い
	う段의 長音 … う	え段의 長音 … え / い
	お段의 長音 … お / う	

おばあさん 할머니

おじいさん 할아버지

せんせい 선생님

확인연습　다음 발음을 서로 비교해 보세요.

1.  

おばさん 아주머니
おばあさん 할머니

2.  

おじさん 아저씨
おじいさん 할아버지

3. 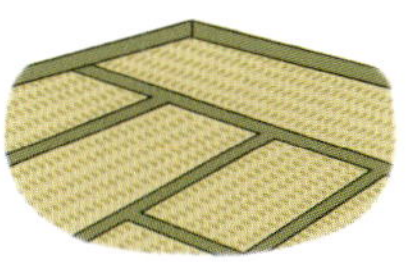 

そこ 바닥
そうこ 창고

撥音（ん）
_{はつおん}

받침역할을 하며 뒤에 오는 발음에 따라 [m][n][ŋ]으로 발음한다. **Track 07**

ん	[m] … ま ば ぱ行 앞에서
	[n] … さ ざ た だ な ら行 앞에서
	[ŋ] … か が行 앞에서

さんぽ 산책

あんない 안내

りんご 사과

확인연습 다음 발음을 서로 비교해 보세요.

1.

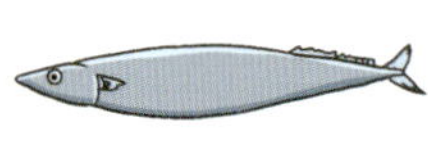
さま ～님
さんま 꽁치

2.

漢字
かじ 화재
かんじ 한자

3.

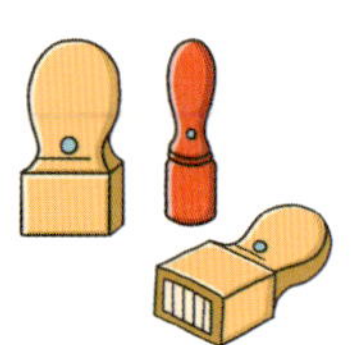
はこ 상자
はんこ 도장

확인연습 발음에 유의하여 읽어보세요.

1. き ん ね ん　금년
   き ね ん　기념

2. ほ ん を　책을
   ほ ん の　책의

3. い ち ま ん え ん　만엔
   い ち ま ん ね ん　만년

4. べ ん り な　편리한

5. じ ん る い　인류

6. さ ん ぜ ん り　삼천리

カタカナ
가타카나는 발음은 히라가나와 같고 주로 외래어를 표기할 때 쓴다. Track 08

ア行	ア	イ	ウ	エ	オ

カ行	カ	キ	ク	ケ	コ

サ行	サ	シ	ス	セ	ソ

タ行	タ	チ	ツ	テ	ト

ナ行	ナ	ニ	ヌ	ネ	ノ

혼동하기 쉬운 글자

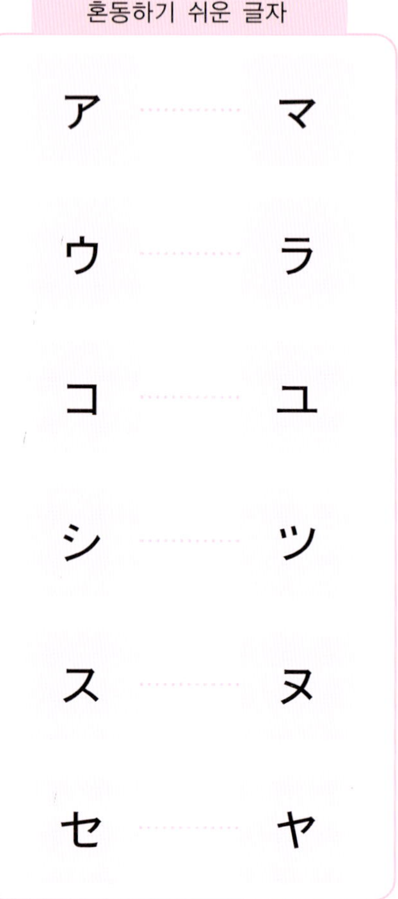

ア	マ
ウ	ラ
コ	ユ
シ	ツ
ス	ヌ
セ	ヤ

アカシア 아카시아

スイス 스위스

シーソー 시소

オアシス 오아시스

ケーキ 케익

コーヒー 커피

※ 가타카나의 장음은 「ー」로 표기한다.

ハ行	ハ	ヒ	フ	ヘ	ホ

マ行	マ	ミ	ム	メ	モ

ヤ行	ヤ		ユ		ヨ

ラ行	ラ	リ	ル	レ	ロ

	ワ		ヲ		ン

※ ヲ는 현대어에서는 쓰지 않는다.

혼동하기 쉬운 글자	
ク	ワ
ル	レ
ソ	ン
ニ	こ
フ	つ
ラ	う

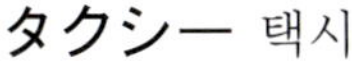

タクシー 택시

ハート 하트

アメリカ 미국

レモン 레몬

テニス 테니스

アイロン 다리미

クレヨン 크레용   **Eメール** E메일   **メモ** 메모

확인연습 다음 빈칸에 들어갈 가타카나를 쓰시오.

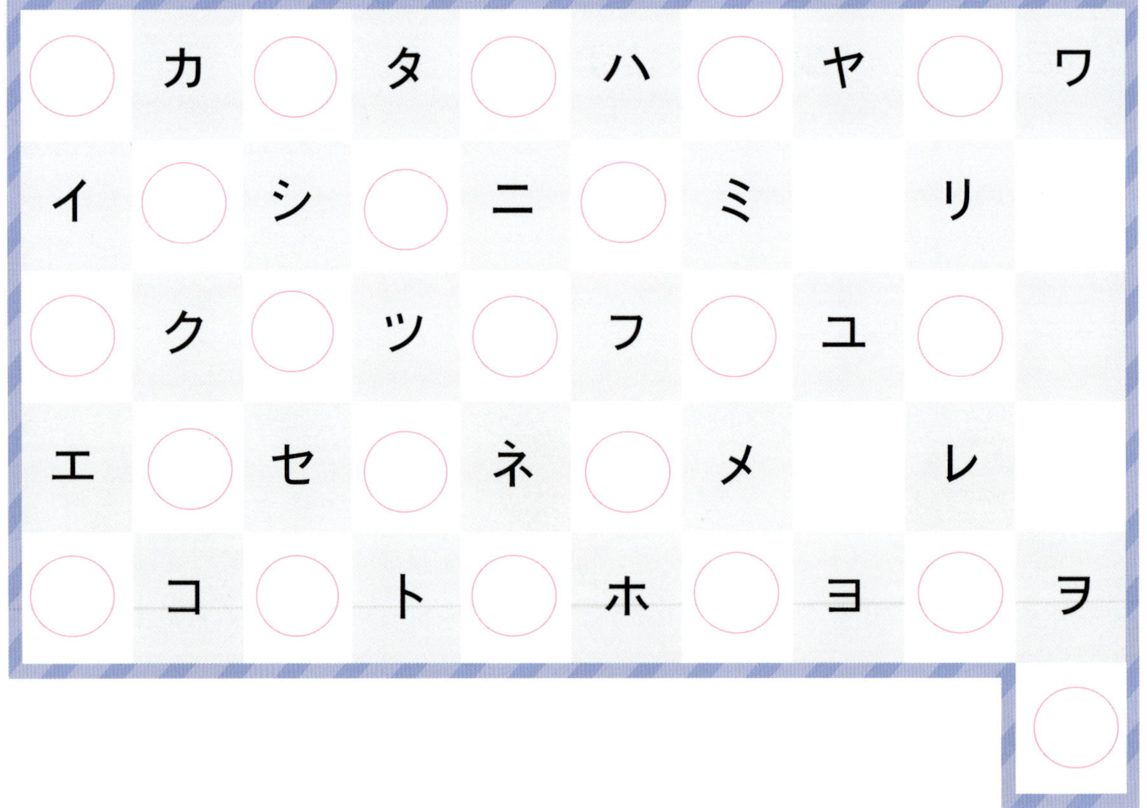

8 濁音・半濁音 「 ゛ 」だくおん,「 ゜ 」はんだくおん Track 09

ガ行	ガ	ギ	グ	ゲ	ゴ

ザ行	ザ	ジ	ズ	ゼ	ゾ

ザ ズ ゾを ジャ ジュ ジョ와 같이 발음하지 않도록 주의한다.

ダ行	ダ	ヂ	ヅ	デ	ド

バ行	バ	ビ	ブ	ベ	ボ

パ行	パ	ピ	プ	ペ	ポ

ゴルフ 골프

テレビ TV

ドイツ 독일

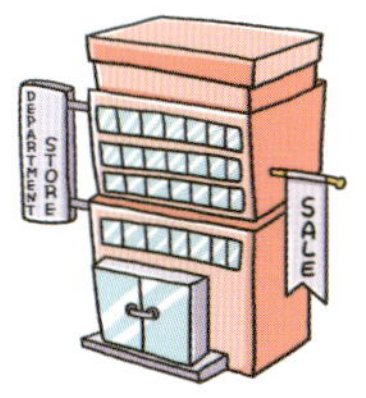

デパート 백화점

ホームページ 홈페이지

ポスター 포스터

9 **拗音** ヤ・ユ・ヨ를 반크기로 작게 써서 반모음으로 발음한다.

ヤ
ユ
ヨ

チャンス 찬스

ジュース 주스

ジョギング 조깅

10 **促音** ツ를 반크기로 작게 써서 'ㅅ'과 같은 받침역할을 한다. 박자는 1박으로 친다.

ツ

コップ 컵

ヨーロッパ 유럽

メッセージ 메세지

 **11** **확인연습** 다음 그림의 단어를 읽어보세요. Track 10

 アメリカ

 スイス

 オイル

 カメラ

 フランス

 ホテル

 テレビ

 クレヨン

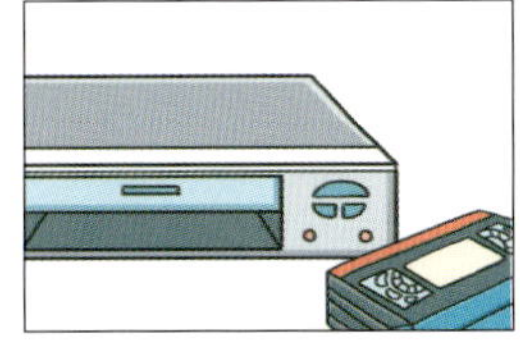 ビデオ

 ヨット

 スイッチ

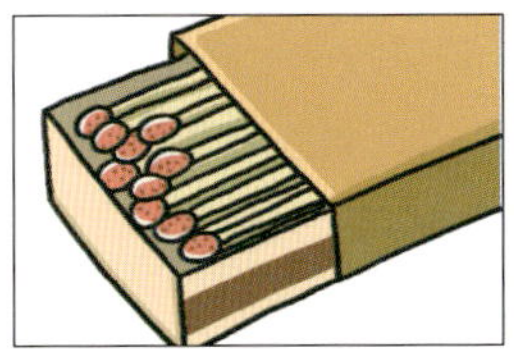 マッチ

 コーヒー

 ビール

 지금까지 익힌 글자를 듣기문제로 확인해보세요.　　Track 11

1. 잘 듣고 해당하는 단어를 고르세요.

1	① きんか	② ぎんか
2	① こうこう	② ゴーゴー
3	① ちゅうしん	② じゅうしん
4	① ペンチ	② ベンチ
5	① きょうかい	② ぎょうかい
6	① びょういん	② びょういん
7	① じゅう	② じゆう
8	① おと	② おっと
9	① がか	② がっか
10	① おじさん	② おじいさん
11	① ビル	② ビール
12	① つうしん	② ちゅうしん

2. 잘 듣고 들리는 대로 고르세요.

1 ① ノート　　② ノド　　③ ノトー　　④ ノートー

2 ① コピー　　② ゴーヒー　　③ コーヒ　　④ コーヒー

3 ① バン　　② パン　　③ パーン　　④ ハン

3. 잘 듣고 받아 쓰세요.

1		2	
3		4	
5		6	

02

あいさつと教室用語
인사와 교실용어

1. 毎日のあいさつ

2. うちで

3. 社会生活で

4. 教室で使う日本語

あいさつ

- おはようございます。
  안녕하세요?(아침인사)

- おはよう。
  안녕?

- こんにちは。
  안녕하세요?(낮인사)

- こんばんは。
  안녕하세요?(저녁인사)

- こんばんは。
  안녕?

- では、また。
  그럼, 또 보자.

- じゃ、また あした。
  그럼, 내일 봐.

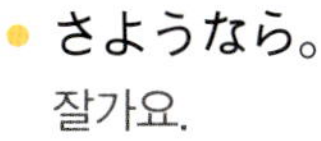

- さようなら。
  잘가요.

- さよ（う）なら。
  안녕.

- おさきにしつれいします。
  먼저 실례하겠습니다.

- おつかれさま。
  수고했어요.

うちで

- **いってきます。**
  다녀오겠습니다.

- **いってらっしゃい。**
  갔다오너라.

- **ただいま。**
  다녀왔습니다.

- **おかえりなさい。**
  어서 오너라.

- **おやすみなさい。**
  안녕히 주무세요.

- **おやすみ。**
  잘 자.

- いただきます。
  잘 먹겠습니다.

- ごちそうさまでした。
  잘 먹었습니다.

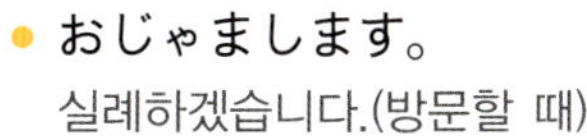

- おじゃまします。
  실례하겠습니다.(방문할 때)

- どうぞ おあがりください。
  어서 들어오세요.

- しつれいします。
  실례하겠습니다.

- どうぞ。
  들어와요.

社会生活で

- **どうぞ。**
  자 (이쪽으로).

- **どうも。**
  네. (고마워요.)

どうぞは 何かを勧める時、どうもは
그에 대한 감사 인사로 짝을 이루는
표현이다.

どうぞ는 뭔가를 권할 때, どうも는
그에 대한 감사 인사로 짝을 이루는
표현이다.

- **すみません。**
  저기요!

- **はい、なんでしょうか。**
  네, 무슨 일이죠?

- **ちょっと すみません。**
  저기, 잠깐만요.

  원가 물어볼려고 말을 걸 때

  ・すみません。

  ・あのう、すみません。

  ・あの、ちょっと すみません。

- あっ、すみません。
  앗, 죄송해요.

- いいえ、だいじょうぶです。
  아뇨, 괜찮아요.

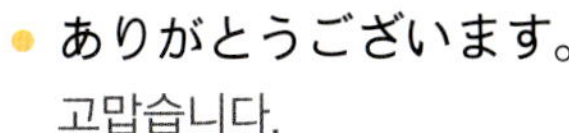

- ありがとうございます。
  고맙습니다.

- どういたしまして。
  천만에요.

- ありがとうございました。
  감사합니다.

教室で

<ruby>教科書<rt>きょうかしょ</rt></ruby>を <ruby>開<rt>あ</rt></ruby>けてください。
교과서를 펴세요.

<ruby>教科書<rt>きょうかしょ</rt></ruby>を <ruby>閉<rt>と</rt></ruby>じてください。
교과서를 덮으세요.

<ruby>質問<rt>しつもん</rt></ruby>は ありますか。 질문 있어요?

はい、あります。 네, 있습니다.

いいえ、ありません。 아뇨, 없습니다.

<ruby>消<rt>け</rt></ruby>しても いいですか。 지워도 됩니까?

はい。 / すみません、ちょっと
<ruby>待<rt>ま</rt></ruby>ってください。
네. / 죄송해요, 잠깐만 기다려 주세요.

みなさん、おつかれさまでした。
여러분 수고했어요.

せんせい、ありがとうございました。
선생님, 감사합니다.

❶ 아침에 선생님을 만났을 때

❷ 친구와 헤어질 때

❸ 학교를 마치고 집에 돌아왔을 때

❹ 잠자기 전에

❺ 밥을 먹기 전에, 먹고 나서

❻ 저녁에 아는 분을 만났을 때

❼ 주문하려고 사람을 부를 때

❽ 계산을 마치고 나가는 손님에게

❾ 선생님 연구실에 들어갈 때

❿ 선생님 연구실을 나올 때

⓫ 손님에게 자리를 안내할 때

⓬ 전철에서 자리를 양보할 때

⓭ 가방을 받아주었을 때

⓮ 발을 밟았을 때

⓯ 상대방이 선물을 주었을 때

⓰ 길을 묻기 위해 말을 걸 때

1. 잘 듣고 적절한 대답을 고르세요.

1
① はい。   ② はい、おはよう。
③ おはよう。   ④ では、また。

2
① いただきます。   ② ただいま。
③ おかえりなさい。   ④ いってらっしゃい。

3
① あ、どうも。   ② ごちそうさまでした。
③ さようなら   ④ どういたしまして。

4
① ありがとうございました。   ② だいじょうぶです。
③ どういたしまして。   ④ おつかれさま。

5
① はい。   ② すみません。
③ どういたしまして。   ④ しつれいします。

2. 잘 듣고 대화내용과 맞는 그림을 고르세요.

1   2   3   4

a

b

c

d

これは なんですか。
이건 뭐예요?

1. これは なんですか。

2. 目覚まし時計じゃありません。

3. ここは なんですか。

4. お手洗いは どこですか。

Short Talk 1　これは なんですか。

A：これは なんですか。

B：それは けしゴムです。

A：それも けしゴムですか。

B：はい、これも けしゴムです。

・これ/それ/あれ/どれ
・〜は
・〜も

연습　그림을 보고 말해보세요.

1

A：それは なんですか。
B：これは ボールペンです。

2

A：あれは なんですか。
B：あれは じしょです。

3

A：＿＿は なんですか。
B：＿＿は はさみです。

4

A：＿＿は なんですか。
B：＿＿は のりです。

Short Talk 2　ノートじゃありません。

A：それは　ノートですか。

B：いいえ。これは　ノートじゃありません。本です。

A：だれの　本ですか。あなたのですか。

B：いいえ、わたしのじゃありません。ともだちのです。

・〜の

연습　단어를 익히고, 위의 대화처럼 연습해 보세요.

■ さいふ 지갑　　■ じしょ 사전

■ たばこ 담배　　■ ライター 라이터

■ かさ 우산

■ ノート 노트

■ けいたい 휴대폰　　■ ふでばこ 필통

■ けしょうひん 화장품　　■ はんこいれ 도장지갑

■ こうすい 향수　　■ ハンカチ 손수건

■ ティッシュ 티슈

Track 19

A：ここは なんですか。

B：教室（きょうしつ）です。

A：じゃあ、あそこは なんですか。

B：あそこは 学科（がっか）の 事務室（じむしつ）です。

・ここ/そこ/あそこ/どこ
・じゃあ/ じゃ=では
・(명사)の(명사)

연습　그림을 보고 묻고 대답해보세요.

단어

・郵便局（ゆうびんきょく） 우체국	・文房具屋（ぶんぼうぐや） 문구점	・レストラン 레스토랑
・銀行（ぎんこう） 은행	・売店（ばいてん） 매점	・コンビニ 편의점
・映画館（えいがかん） 영화관	・花屋（はなや） 꽃집	・トイレ=お手洗（てあら）い
・喫茶店（きっさてん） 커피숍	・パン屋（や） 빵집	화장실

Short Talk 4　お手洗いは どこですか。

A：すみません。お手洗いは どこですか。

B：あそこです。

A：すみません。木村さんは どこですか。

B：あそこです。/ 教室です。/食堂です。

・ここ　　そこ　　あそこ　　どこ
・すみません / ちょっと すみませんが

연습　그림을 보면서 어디에 있는지 묻고 대답해보세요.

A：すみません。＿＿＿＿＿は どこですか。
B：あそこです。/ はい、こちらです。

公衆電話（こうしゅうでんわ） 공중전화

駅（えき） 역

市役所（しやくしょ） 시청

教室（きょうしつ） 교실

食堂（しょくどう） 식당

トイレ 화장실

Model Talk 1　집에서

A : これは なんですか。

B : これは こうちゃです。

A : じゃ、あれは なんですか。

B : あれは クーラーですよ。

A : これは 目覚まし時計ですか。

B : いいえ、それは 目覚まし時計じゃありません。
　　タイマーです。

A : あのう、すみませんが、トイレは どこですか。

B : あそこです。(どうぞ、こちらへ。)

A : あ、どうも。(ありがとうございます。)

단어

- こうちゃ 홍차
- クーラー 에어컨
- 目覚まし時計(めざまし どけい) 자명종시계
- タイマー 타이머
- ～ですよ ~이에요
- すみませんが 죄송하지만

Class Activity

1 짝과 역할을 나누어 연습해 보세요.

2 밑줄친 부분의 단어를 바꾸어 연습해 보세요.

Model Talk 2 학교에서

A : ここは なんですか。

B : 学科の 事務室です。

A : じゃ、あそこは なんですか。

B : あそこは 研究室です。

(다른 층으로 가서)

A : ここは 郵便局ですか。

B : いいえ、銀行です。郵便局は あそこです。

A : ああ、そうですか。あのう、売店は どこですか。

B : (안내하면서)売店は こちらです。

단어

・研究室(けんきゅうしつ)
연구실

・ああ、そうですか
아, 그래요?

Class Activity　누구 물건일까요?

 그룹을 지어 책상 위에 여러 물건들을 놓고 연습해보세요.

A：これは なんですか。

B：＿＿＿＿です。

A：だれの ＿＿＿＿ですか。

B：＿＿＿＿さんのです。 / わたしのです。

A：これは ＿＿＿＿さんのですか。

B：はい、＿＿＿＿さんのです。

　　いいえ、＿＿＿＿さんのじゃありません。

　　　　＿＿＿＿さんのです。 / わたしのです。

・キーホルダー 키홀더
・けいたい 휴대폰
・はさみ 가위
・鉛筆（えんぴつ） 연필
・けしゴム 지우개
・たばこ 담배
・さいふ 지갑
・時計（とけい） 시계
・てぶくろ 장갑
・かがみ 거울
・ボールペン 볼펜

Listening Test

1. 잘 듣고 적당한 대답을 고르세요.

1 ① これは ライターじゃ ありません。　② それは ライターですか。

　③ それは ライターです。　④ あれは ライターです。

2 ① はい、これです。　② あそこです。

　③ どうぞ。　④ あれは えきです。

2. 잘 듣고 대화의 내용과 어울리는 그림을 골라 기호를 쓰세요.

1　　　**2**　　　**3**

a

b

c

d

e

f

3. 잘 듣고 빈칸에 들어갈 글자를 써 넣으세요.

1 きょ [　] しつ　**2** えん [　] つ

3 め [　] ましどけい　**4** ゆう [　] んきょく

01　～は ～です　～은 ～입니다

「は」는 '은/는'에 해당하는 조사이고, 「です」는 「だ(이다)」의 정중한 표현으로, 단정이나 판단을 나타낸다.

- これは 本です。　　　　　　　　이것은 책입니다.
- これは ボールペンです。　　　　이것은 볼펜입니다.

02　～じゃありません　～이 아닙니다

「～です」의 부정표현이다. 「～ではありません」이라고도 하는데, 회화에서는 「～じゃありません」을 많이 쓴다.

- これは 本じゃありません。　　　　이것은 책이 아닙니다.
- これは ボールペンじゃありません。　이것은 볼펜이 아닙니다.

03　～ですか　～입니까?

「か」는 의문을 나타내는 조사로 「～ですか」는 「～です」의 의문형이다.

- これは 何ですか。　　　　　　이것은 뭐예요?
- お手洗いは どこですか。　　　화장실은 어디예요?

04　～の ～의, ～의 것 / ～も ～도(조사)

「～の」는 '～의' 또는 '～의 것'이란 뜻이고, 「～も」는 '～도'란 뜻의 조사이다.

- これは すずきさんの かばんです。　이것은 스즈키 씨의 가방입니다.
- あれも すずきさんのです。　　　저것도 스즈키 씨 것입니다.

※ こ・そ・あ・ど 정리

지시대명사	근칭 こ	중칭 そ	원칭 あ	부정칭 ど
사물	これ	それ	あれ	どれ(なに)
장소	ここ	そこ	あそこ	どこ
방향	こちら・こっち	そちら・そっち	あちら・あっち	どちら・どっち

こっち・そっち・あっち・どっち는 회화체 표현이다.

48

05 〈심화〉 なんのと どこの

「なんの」는 '무슨'이란 뜻으로 그 내용을 묻는 말이고, 「どこの」는 '어디의'란 뜻으로 출처를 물을
때 쓰는 말이다.

A : それは なんの ビデオですか。　　　　그것은 무슨 비디오예요?

B : アニメの ビデオです。　　　　　　　애니메이션 비디오예요.

A : どこの ビデオですか。韓国のですか。　어디 비디오예요? 한국 거예요?

B : いいえ、ちがいます。これは 日本のです。　아뇨. 아닙니다. 이건 일본 거예요.

연습 다음 단어를 이용하여 말해보세요.

> A : それは なんの (どこの) ______ ですか。
>
> B : ________の ______ です。

A : それは なんの 本 ですか。　　　　B : 歴史（れきし） の 本です。
　　　　　　　　　　　　　　　　　　　　経済（けいざい）
　　　　　　　　　　　　　　　　　　　　法律（ほうりつ）

A : なんの 先生 ですか。　　　　　　B : 音楽（おんがく） の 先生です。
　　　　　　　　　　　　　　　　　　　　数学（すうがく）
　　　　　　　　　　　　　　　　　　　　ピアノ

A : どこの テレビ ですか。　　　　　B : サムソン の テレビです。
　　　　　　　　　　　　　　　　　　　　LG
　　　　　　　　　　　　　　　　　　　　SONY

A : どこの バッグ ですか。　　　　　B : イタリア の バッグです。
　　　　　　　　　　　　　　　　　　　　フランス
　　　　　　　　　　　　　　　　　　　　シャネル

1. 다음 단어를 이용하여 문장을 완성하세요.

① それ · か · ケイタイ · です · は

→

② じゃありません · これ · ボールペン · は

→

③ の · ここ · きょうしつ · か · も · にほんがっか · です

→

④ あれ · かばん · です · は · の · だれ · か

→

2. 다음 괄호 안에 들어갈 말을 보기에서 골라 써 넣으세요.(같은 말을 여러번 써도 됨)

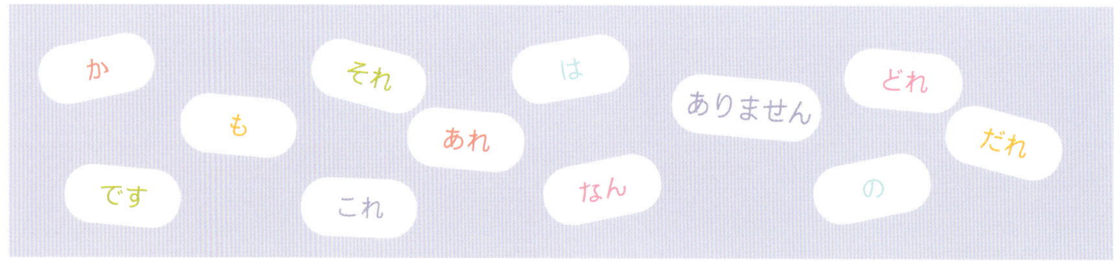

A : ☐ は なんですか。

B : あれは じしょです。

A : ☐ の じしょですか。

B : きむらさんのです。

A : これ ☐ きむらさんのですか。

B : いいえ、それ ☐ きむらさん ☐ じゃ ☐ 。
　　たなかさん ☐ です。

はじめまして。
처음 뵙겠습니다.

1. はじめまして。

2. 失礼ですが、学生さんですか。

3. ご出身は どちらですか。

4. 電話番号は 何番ですか。

Short Talk 1　はじめまして。

A：はじめまして。金（キム）です。

　　どうぞ よろしく お願（ねが）いします。

B：はじめまして。木村（き むら）です。

　　こちらこそ どうぞ よろしく

　　お願（ねが）いします。

연습　가타카나 음을 참고하여 자기소개를 해보세요.

참고

한국 성씨의 가타카나 표기

・金	キム
・閔	ミン
・朴	パク
・孫 / 宋	ソン
・安	アン
・尹	ユン
・李	イ
・張	チャン
・全 / 鄭 / 千	チョン
・崔 / 宋	チェ
・洪	ホン
・黄	ファン

Short Talk 2　失礼ですが、学生さんですか。

A ：失礼ですが、学生さんですか。

B1：はい、そうです。

B2：いいえ、ちがいます。わたしは
　　　学生じゃありません。会社員です。

연습　그림의 단어를 이용하여 위 대화처럼 묻고 답하세요.

Q：失礼ですが、大学生　ですか。

1. 大学生

2. 高校生

3. 中学生

4. 小学生

5. 会社員

6. 日本語の先生（日本語 教師）

Short Talk 3　ご出身は　どちらですか。

A：ご出身は　どちらですか。

B：日本です。日本の　京都です。

A：ああ、そうですか。

　　わたしも　日本です。わたしは　日本の
　　東京です。

연습　출신지, 회사, 학교, 집이 어딘지 묻고 답해보세요.

1.

A　：　ご出身は　どちらですか。

B　：　　　　　　　　　　　　　。

2.

A　：　会社は　どちらですか。

B　：　　　　　　　　　　　　　。

3.

A　：　学校は　どちらですか。

B　：　　　　　　　　　　　　　。

4.

A　：　お住まいは　どちらですか。

B　：　　　　　　　　　　　　　。

Short Talk 4　電話番号は 何番ですか。

A：失礼ですが、電話番号は 何番ですか。

B：02の 706の 1485です。

A：すみません。けいたいの 番号も
　　お願いします。

B：けいたいは 011−756−1743です。

A：011−756−1743ですね。

연습　0에서 10까지 숫자를 익힌 다음 예와 같이 묻고 답해보세요.

A：__________は 何番ですか。

B：__________です。

1

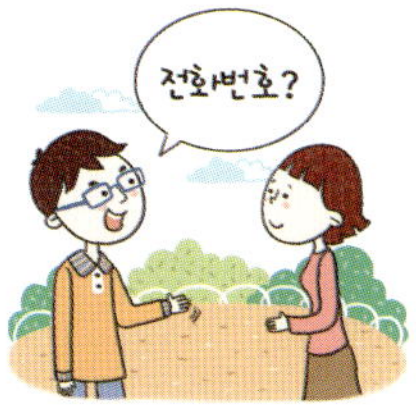

電話番号

2

郵便番号

3

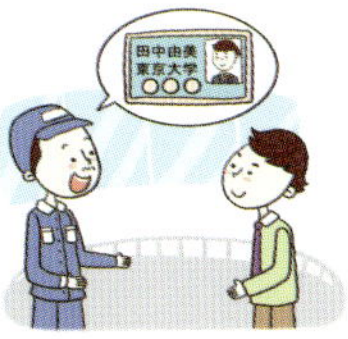

学生番号

4

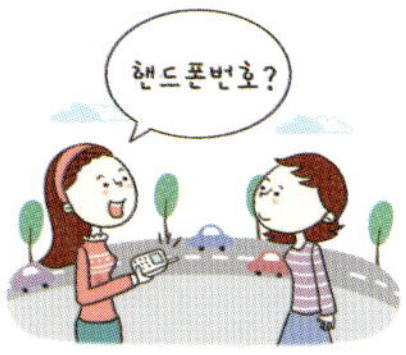

携帯電話の番号

0	1	2	3	4	5	6	7	8	9	10
れい ゼロ	いち	に	さん	し よん	ご	ろく	しち なな	はち	きゅう く	じゅう

Model Talk 1   여기는 공항, 처음 만나 서로 인사해보세요.

A : あのう、失礼ですが、木村さんですか。

B : ええ、そうですが(そうですけど)。

A : Jプラスの キムです。

B : あ、キムさん、はじめまして。

A : はじめまして。 どうぞ よろしく お願いします。

B : こちらこそ、どうぞ よろしく。

1 둘이서 짝을 지어 이름을 확인하고 인사를 나눠보세요.
2 본인이 아닌 경우・いいえ、ちがいますが。 아뇨, 아닌데요.・あっ、どうも失礼しました。 앗, 죄송합니다.

Model Talk 2 셋이서 역할을 나누어 소개해보세요. (A가 B를 C에게)

A : すずきさん、こちらは Jプラスの 金さんです。

B : 金です。はじめまして。

　　どうぞ よろしく お願いします。

C : はじめまして、青山大学の すずきです。

　　こちらこそ どうぞ よろしく お願いします。

Class Activity

1 셋이서 짝을 지어 A, B, C 역할을 나누어 위 대화 처럼 연습해보세요. 단, 소개하기 전에 A는 B에게 소속
명(학교, 회사명, 학과명 등)을 미리 물어본 다음 C에게 소개하는 방식으로 해주세요.

Class Activity

A：失礼ですが、お名前は。

B：きむらたくやです。

A：ご出身は どちらですか。

B：東京です。

A：電話番号も お願いします。

B：電話番号は 03の 523の 6875です。

<table>
<tr><td>1. 名前

2. 出身地

3. 電話番号

</td><td>1. 名前

2. 出身地

3. 電話番号

</td><td>1. 名前

2. 出身地

3. 電話番号

</td></tr>
<tr><td>1. 名前

2. 出身地

3. 電話番号

</td><td>1. 名前

2. 出身地

3. 電話番号

</td><td>1. 名前

2. 出身地

3. 電話番号

</td></tr>
</table>

Listening Test

1. 잘 듣고 빈칸에 들어갈 숫자를 써넣으세요.

    ① 0 2 － 5 ◯ 8 － 1 5 1 ◯
    ② 0 3 － 5 ◯ 3 5 － 3 ◯ 9 0
    ③ 0 3 1 － ◯ 5 6 － 7 ◯ 9 6
    ④ 0 7 ◯ － 6 ◯ 9 － 2 7 2 ◯

2. 대화를 듣고 대화에 나오는 사람의 이름에 체크한 다음, 네모 안에 직업을 써 넣으세요.

    ①

	女		男
☐	キム	☐	たなか
☐	きむら	☐	たむら

    ②

	男		女
☐	ジョンソン	☐	イムー
☐	ジョン	☐	リー

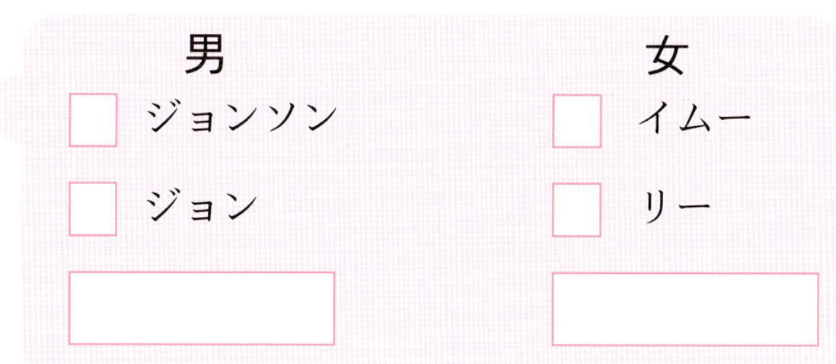

例） 大学生	中学生	高校生	小学生
英語の教師	日本語の先生	主婦	会社員

01   わたしは 学生です。   나는 학생입니다.

「わたし」는 '나/저'란 뜻의 1인칭대명사로, 좀더 정중하게 말할 때는 「わたくし」라고 한다. 「あなた」는 2인칭대명사지만 일반 회화에서는 성에다가 「さん」을 붙여서 쓰는 것이 가장 무난하다.

	정중한 말투	보통 말투
1인칭	わたくし(저)	わたし(저, 나)
2인칭	~さん(~씨, 님)	
3인칭	~さん(~씨, 님)	
부정칭	どなた(어느분)	だれ(누구)

02   失礼ですが 실례지만

상대방에게 이름이나 직업 등 개인적인 것을 물어볼 때 쓰는 말이다. 「失礼します」(실례하겠습니다)와 혼동하지 않도록 주의.

- 失礼ですが、学生さんですか。   실례지만, 학생이신가요?
- 失礼ですが、おつとめですか。   실례지만, 직장인이신가요?
- 失礼ですが、お名前は。   실례지만, 성함이?
- 失礼ですが、お仕事は。   실례지만, 하시는 일이?

「学生」이라고 하면 보통 대학생을 가리킨다. 교복은 学生服(がくせいふく). 학생할인은 学生割引(がくせいわりびき)라고 하는데, 보통 중고등학생이 여기에 해당한다.

03   ご出身は どちらですか。   고향이 어디세요?

「どちらですか」는 방향을 묻는 말이지만, 여기서는 「どこですか」를 정중하게 표현하기 위해서 쓴 경우이다. 국적이나 고향, 직장, 학교 등을 물어볼 때 「どちらですか」라고 물으면 위치를 묻는 것이 아니라 이름을 묻는 것이다.

A: 学校は どちらですか。　　　　　학교는 어디시죠?

B: 新村大学です。　　　　　　　　신촌대학입니다.

A: 会社は どちらですか。　　　　회사는 어디시죠?

B: SK株式会社です。　　　　　　SK주식회사입니다.

A: ご出身は どちらですか。　　어디 분이시죠?(고향이 어디시죠?)

B: アメリカです。　　　　　　　　미국입니다.

04　何番ですか。 몇 번입니까?

「何+조수사」로 쓰일 경우, 「何」는 「なん」으로 읽는다. 뜻은 한국어의 '몇'에 해당한다.

- 何番ですか。　　　　　　　　몇 번입니까?
- 何時ですか。　　　　　　　　몇 시입니까?
- 何人ですか。　　　　　　　　몇 명입니까?
- 何年ですか。　　　　　　　　몇 년입니까?

■ 가장 편한 호칭 「～さん」

　사람을 부를 때, 가장 일반적으로 많이 쓰이는 호칭은 「さん」입니다. 그런데, 간혹 일본어를 배우는 한국 사람 중에 자신의 이름 뒤에 「さん」을 붙여서 말하는 경우를 보는데, 「さん」은 경칭의 하나이기 때문에 자신의 이름 뒤에는 「さん」을 붙일 수 없습니다. 또, 남들 앞에서는 자신뿐만 아니라 남편이나, 자기식구들의 이름 뒤에도 「さん」을 쓰지 않는 것이 원칙입니다.

　우리나라 식으로 생각하면 무례하게 여겨 질 수 있으나 일본식 경어법에서는 자기쪽이냐 상대방쪽이냐를 나누어서 생각하기 때문입니다.

　또, 학교에서 출석을 부를 때 한국에서는 이름만 부르지만, 일본에서는 「～さん」하고 존칭하는데, 대개 성까지만 부르는 것이 보통입니다. 한편, 친한 친구 사이에서나 가족끼리는 「～ちゃん」을 쓰기도 하고, 은행이나 레스토랑과 같은 곳에서 손님을 부를 때는 손님의 성 뒤에 「～様(さま)」라는 호칭을 씁니다.

Drill & Check

1. 빈칸에 들어갈 단어를 고르세요.

> ⓐ お住まい　　　ⓑ 学校　　　ⓒ 会社　　　ⓓ ご出身

1 A : 失礼ですが、＿＿＿＿は どちらですか。　B : IBMです。

2 A : 失礼ですが、＿＿＿＿は どちらですか。　B : 新村大学です。

3 A : 失礼ですが、＿＿＿＿は どちらですか。　B : 釜山です。

4 A : 失礼ですが、＿＿＿＿は どちらですか。　B : イルサンです。

2. 빈칸에 들어갈 단어를 고르고, 번호를 소리내어 읽어보세요.

> ⓐ パスポート番号　　ⓑ 電話番号　　ⓒ ケイタイの番号　　ⓓ 郵便番号

1 A : ＿＿＿＿は 何番ですか。　　　B : 121−241です。

2 A : ＿＿＿＿は 何番ですか。　　　B : 011−9951−5557です。

3 A : ＿＿＿＿は 何番ですか。　　　B : 02−706−1767です。

4 A : ＿＿＿＿は 何番ですか。　　　B : JA10460423です。

3. 다음 문장을 일본어로 말해보세요.

1 저, 실례지만, 제이플러스의 김윤진 씨인가요?

2 처음 뵙겠습니다. 저는 야마모토라고 합니다.

3 실례지만, 사시는 곳이 어디시죠?

4 실례지만, 성함이?

5 제 휴대폰번호는 011−765−8460입니다.

何人家族ですか。
가족이 몇 명이에요?

1. 何人家族ですか。

2. これは だれですか。

3. お父さんは 会社員ですか。

4. お姉さんは おいくつですか。

5. 専攻は 何ですか。

Short Talk 1　何人家族ですか。

A：金さんは 何人家族ですか。

B：5人家族です。すずきさんは。

A：私は 4人家族です。

연습 사람 수 헤아리는 법을 참고하여 그림을 보면서 묻고 대답하세요.

> A ： 何人 家族(兄弟)ですか。
>
> B ： 5人 家族(兄弟)です。

・家族(かぞく) 가족

・兄弟(きょうだい) 형제

1

2

3

4

참고

사람 수 헤아리기

・一人(ひとり)

・二人(ふたり)

・三人(さんにん)

・四人(よにん)

・五人(ごにん)

・六人(ろくにん)

・七人(ななにん・しちにん)

・八人(はちにん)

・九人(きゅうにん・くにん)

・十人(じゅうにん)

・何人(なんにん)

Short Talk 2　これは　だれですか。(사진을 보면서)

A : これは　だれですか。

B : 私の　父です。

A : じゃ、この人は　お兄さんですか。

B : いいえ、それは　弟です。
　　兄は　これです。

・この・その・あの・どの

연습　가족의 호칭법을 익히고 예와 같이 말해보세요.

A :　これ（このひと）は　だれですか。

B :　（私の）父です。

참고

우리 가족	다른 사람의 가족
・父（ちち）	おとうさん
・母（はは）	おかあさん
・兄（あに）	おにいさん
・姉（あね）	おねえさん
・弟（おとうと）	おとうとさん
・妹（いもうと）	いもうとさん

Short Talk 3　お父さんは 会社員ですか。

A：お父さんは 会社員ですか。

B：いいえ、会社員じゃありません。
　　中学校の教師です。

A：じゃ、お母さんは。

B：母は 会社員です。

연습　다음 단어를 이용하여 묻고 답해보세요.

お母さん

お姉さん

お兄さん

お父さん

단어

- 会社員（かいしゃいん）회사원
- 中学校（ちゅうがっこう）の教師
  （きょうし）중학교 교사
- 大学生（だいがくせい）대학생
- 高校生（こうこうせい）고등학생
- 中学生（ちゅうがくせい）중학생
- 専業主婦（せんぎょうしゅふ）전업
  주부
- ピアニスト 피아니스트

Short Talk 4　お姉<ruby>ねえ</ruby>さんは おいくつですか。

A：失礼<ruby>しつれい</ruby>ですが、上<ruby>うえ</ruby>の お姉<ruby>ねえ</ruby>さんは
　　おいくつですか。

B：25歳です。

A：じゃ、下<ruby>した</ruby>の お姉<ruby>ねえ</ruby>さんは。

B：下の 姉<ruby>あね</ruby>は 23です。

・上（うえ）の ／ 下（した）の

연습　그림의 나이를 보면서 위 대화처럼 묻고 답하세요.

참고

1歳	いっさい
2歳	にさい
3歳	さんさい
4歳	よんさい
5歳	ごさい
6歳	ろくさい
7歳	ななさい
8歳	はっさい
9歳	きゅうさい
10歳	じゅっさい
20歳	はたち
21歳	にじゅういっさい
30歳	さんじゅっさい
40歳	よんじゅっさい
50歳	ごじゅっさい

A：専攻は　何ですか。
B：経済学です。

A：失礼ですが、お仕事は　何ですか。
B：会社員です。

연습 그림의 단어를 이용하여 위와 같이 묻고 대답하세요.

단어

·歯医者(はいしゃ) 치과의사	·俳優(はいゆう) 배우	·歴史学(れきしがく) 역사학
·公務員(こうむいん) 공무원	·画家(がか) 화가	·日本文学(にほんぶんがく) 일본문학
·教授(きょうじゅ) 교수	·イラストレーター 삽화가	
·記者(きしゃ) 기자	·デザイナー 디자이너	·観光学(かんこうがく) 관광학
·歌手(かしゅ) 가수	·教育学(きょういくがく) 교육학	·経済学(けいざいがく) 경제학

Model Talk 1   형제에 대해

A : 金さんは 何人兄弟ですか。

B : 4人兄弟です。兄が 1人、姉が 2人と、私の 4人です。

A : お兄さんは 大学生ですか。

B : いいえ、会社員です。

A : あ、そうですか。お姉さんも 会社員ですか。

B : 上の 姉は 会社員で、下の 姉は まだ 学生です。

A : 失礼ですが、上の お姉さんは おいくつですか。

B : 25歳です。

Class Activity

1 우선 위 대화를 연습하고 나서 밑줄 친 부분을 바꾸어 연습해 보세요.

A：金さんは 何人家族ですか。

B：5人家族です。父と 母、それから 兄と 姉と

　　私の 5人です。

A：お父さんは 会社員ですか。

B：いいえ、父は 高校の 教師です。すずきさんは

　　何人家族ですか。

A：うちは 両親と 私の 3人です。

B：じゃ、すずきさんは ひとりむすめですね。

A：ええ。金さんは 3人兄弟の すえっこですね。

단어

・両親(りょうしん) 부모

・うち 우리(집)

・ひとりむすめ 외동딸

　↔ ひとりむすこ 외아들

・すえっこ 막내

Class Activity

1 이렇게도 물어보세요.

　Q：～さんは 何人兄弟の 何番目ですか。

　A：1番目 / 2番目 / 3番目です。

Class Activity

자신의 가족을 그림으로 그리거나, 사진을 준비하여 소개해보세요.

私の 家族

私の 家族は 両親と それから 兄と 姉と 妹と 私の 6人です。

父は 中学校の 教師です。

母は 主婦です。

兄は 27歳で，エンジニアです。

姉は 25歳で、スチュワーデスです。

妹は 10歳で、小学校 4年生です。

私は 大学生で、20歳(はたち)です。

私は 4人兄弟の 3番目です。

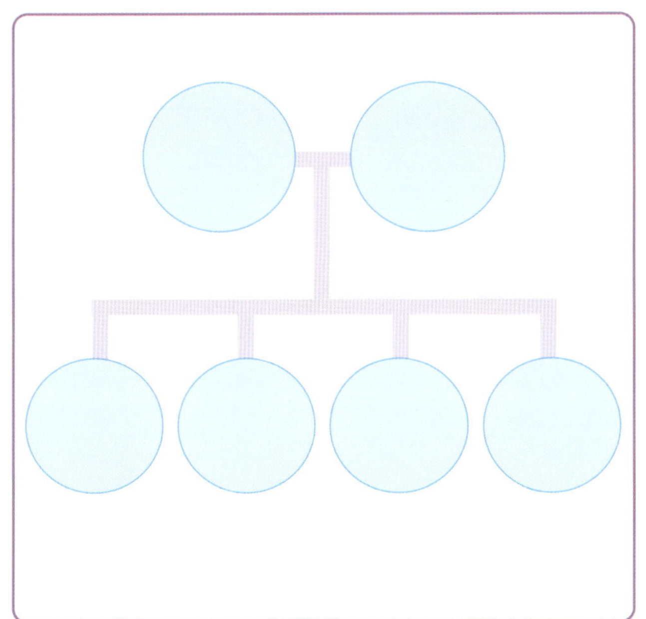

私の 家族

私の 家族は ________________

Listening Test

1. 잘 듣고 질문에 답하세요.

   1 としこさんは　なんさいですか。　_______________________

   2 としこさんの　おにいさんは　なんさいですか。　_______________________

   3 としこさんの　いもうとさんは　なんさいですか。　_______________________

   4 としこさんは　何人兄弟の　何番目ですか。　_______________________

   5 としこさんは　何人家族ですか。　_______________________

2. 대화를 듣고 빈칸을 채우세요.

ⓐ だれ	ⓑ どれ	ⓒ なん	ⓓ どなた	ⓔ ちち	ⓕ おとうと
ⓖ おとうとさん	ⓗ おとうさん	ⓘ 会社員	ⓙ 中学生	ⓚ 高校生	ⓛ 大学生

   A：これは　____①____　ですか。

   B：わたしの　____②____　です。

   A：____③____　は　____④____　ですか。

   B：いいえ、____④____　じゃありません。____⑤____　です。

3. 잘 듣고 해당하는 내용의 그림을 골라 기호를 쓰세요.

   1　　　　　　　　　　**2**　　　　　　　　　　**3**

a

b

c

d

Grammar Point... 알짜핵심문법

01 これは だれですか。 이건 누구예요?

「これ, それ, あれ」는 물건을 가리키는 말이지만, 사진에 있는 사람을 가리킬 때도 이렇게 말할 수 있다. 보통 사람을 가리킬 때는 あのかた(저분), あのひと(저 사람)와 같이 말한다.

- これは どなたですか。　　　　　이건 누구세요?(사진을 보면서)
- これは おとうさんですか。　　　이건 아버님이세요?

02 ～は ～で、～です ～은 ～이고, ～입니다

「～で」는 두 문장(「명사+です」로 된 문장)을 이어줄 때 쓰는 말로 한국어의 '～이고, 이며'에 해당한다.

- すずきさんは 大学生です。+ すずきさんは 日本人です。
- → すずきさんは 大学生で、日本人です。 스즈키 씨는 대학생이고, 일본사람입니다.

03 가족 호칭법

자기 가족을 가리킬 때		자기 가족을 부를 때	남의 가족을 가리킬 때
・父(ちち)	아버지	おとうさん / パパ	おとうさん
・母(はは)	어머니	おかあさん / ママ	おかあさん
・兄(あに)	형, 오빠	おにいさん(おにいちゃん)	おにいさん
・姉(あね)	누나, 언니	おねえさん(おねえちゃん)	おねえさん
・弟(おとうと)	남동생	なまえ	おとうとさん
・妹(いもうと)	여동생	なまえ	いもうとさん
・むすめ	딸	なまえ	むすめさん
・むすこ	아들	なまえ	むすこさん
・祖父(そふ)	할아버지	おじいさん(おじいちゃん)	おじいさん
・祖母(そぼ)	할머니	おばあさん(おばあちゃん)	おばあさん
・いとこ	사촌	なまえ	いとこ(おいとこさん)

그외 ・両親(りょうしん)…ご両親(りょうしん)　　　・こども…おこさん
　　・夫(おっと) / 主人(しゅじん)…ご主人(しゅじん)　　・まご…まごさん
　　・妻(つま) / 家内(かない)… おくさん

Drill & Check

1. 그림을 보고 대답해보세요.

1	2	3

A ： 何人家族ですか。　　A ： 家族は 何人ですか。　　A ： 何人兄弟ですか。

B ： (　　　　　) です。　　B ： (　　　　　) です。　　B ： (　　　　　) です。

2. 다음 질문에 답하세요.

1 あなたは 何人家族ですか。

2 あなたは 何人兄弟の 何番目ですか。

3 おとうさんは おいくつですか。

4 あなたは おいくつですか。

3. 다음 문장을 「で」를 이용하여 하나의 문장으로 만드세요.

1 私は 韓国人です。吉田さんは 日本人です。

→

2 これは 日本の 新聞です。あれは 韓国の 新聞です。

→

3 姉は 27歳です。姉は 高校の 数学の 教師です。

→

06

今何時ですか。

1. 今、何時ですか。

2. 今日は 何曜日ですか。

3. 誕生日は いつですか。

4. テストは 何時から 何時までですか。

Short Talk 1　今、何時ですか。

A：今、何時ですか。

B：9時です。

A：そうですか。私の時計は 今 9時10分

　　ですが。

練習　今、何時ですか。

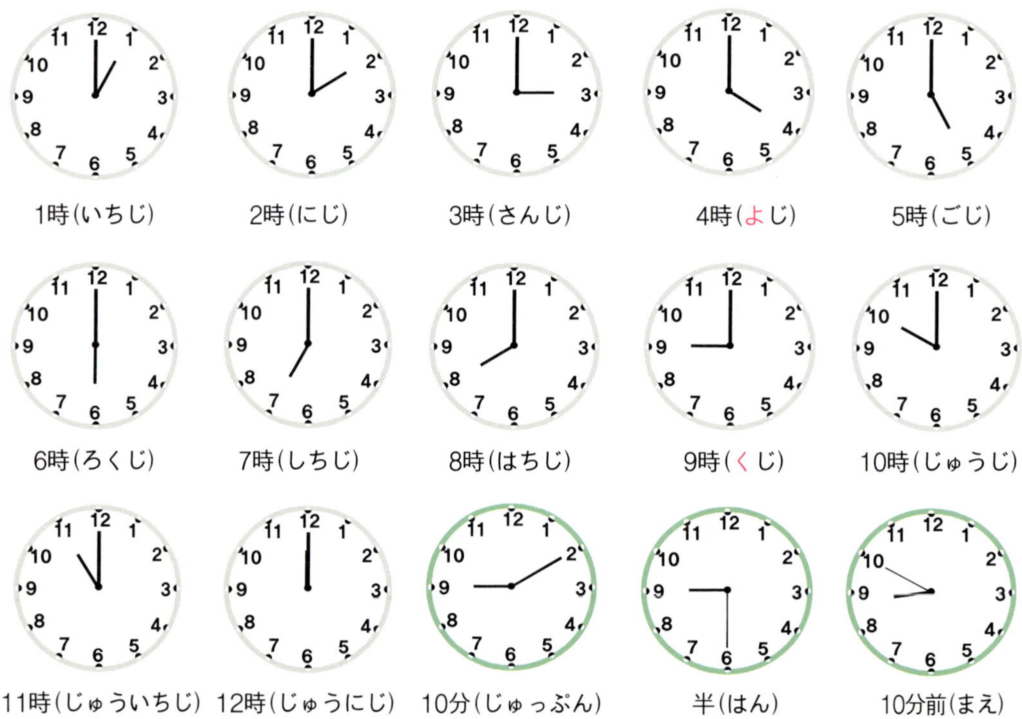

1時(いちじ)	2時(にじ)	3時(さんじ)	4時(よじ)	5時(ごじ)
6時(ろくじ)	7時(しちじ)	8時(はちじ)	9時(くじ)	10時(じゅうじ)
11時(じゅういちじ)	12時(じゅうにじ)	10分(じゅっぷん)	半(はん)	10分前(まえ)

참고

1分　いっぷん	4分　よんぷん	7分　ななふん	10分　じゅっぷん(じっぷん)
2分　にふん	5分　ごふん	8分　はちふん(はっぷん)	15分　じゅうごふん
3分　さんぷん	6分　ろっぷん	9分　きゅうふん	30分　さんじゅっぷん(さんじっぷん)

Short Talk 2　今日は 何曜日ですか。

A：今日は 何曜日ですか。
B：火曜日です。
A：じゃ、明日は 水曜日ですね。

연습　요일을 익히고, 스케줄을 보면서 질문에 답하세요.

日	月	火	水	木	金	土
にちようび	げつようび	かようび	すいようび	もくようび	きんようび	どようび

おととい　　きのう　　今日(きょう)　明日(あした)　あさって　しあさって

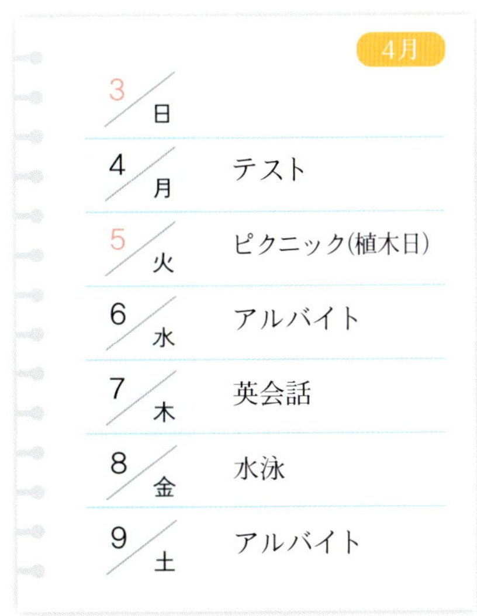

4月

3／日	
4／月	テスト
5／火	ピクニック(植木日)
6／水	アルバイト
7／木	英会話
8／金	水泳
9／土	アルバイト

1. テストは 何曜日ですか。

2. アルバイトは 何曜日と 何曜日ですか。

3. 英会話は 何曜日ですか。

4. 休みは何曜日と 何曜日ですか。

Short Talk 3　誕生日は いつですか。

A：誕生日は いつですか。

B：1月 1日です。

A：えっ、ほんとうですか。

연습　날짜를 익힌 다음 묻고 답하세요.

5

MAY						
日	月	火	水	木	金	土
	1 ついたち	2 ふつか	3 みっか	4 よっか	5 いつか	6 むいか
7 なのか	8 ようか	9 ここのか	10 とおか	11 じゅういちにち	12 じゅうににち	13 じゅうさんにち
14 じゅうよっか	15	16	17	18	19 じゅうくにち	20 はつか
21	22	23	24 にじゅうよっか	25	26	27
28	29 にじゅうくにち	30 さんじゅうにち	31			

※ 1일~10일, 14일, 20일, 24일 읽기에 주의.

A：…….は いつですか。（何月何日ですか。）

B：…..月 …..日です。

① エープリルフール　만우절

② こどもの 日　어린이날

③ クリスマス　크리스마스

④ あなたの 誕生日　당신의 생일

참고

1月　いちがつ	7月　しちがつ
2月　にがつ	8月　はちがつ
3月　さんがつ	9月　くがつ
4月　しがつ	10月　じゅうがつ
5月　ごがつ	11月　じゅういちがつ
6月　ろくがつ	12月　じゅうにがつ

Short Talk 4　何時（なんじ）から　何時（なんじ）までですか。

A：ちょっと すみません。日本語（にほんご）のテストは
　　何時から 何時までですか。

B：10時から 12時 半（はん）までです。

A：ああ、そうですか。どうも。

B：いいえ。

・〜から 〜まで
・午前(ごぜん) / 午後(ごご)

연습　그림을 보며 묻고 답하세요.

A：＿＿＿＿＿は いつから いつまでですか。

B：＿＿＿＿＿から＿＿＿＿＿までです。

① 会議（かいぎ）

② 面接（めんせつ）

③ 授業（じゅぎょう）

④ アルバイト

⑤ コンサート

⑥ 夏休み（なつやす）

Model Talk　テストは　何時からですか。

A：すみません。英語のテストは
　　何時からですか。
B：9時半からです。
A：何時までですか。
B：11時までです。
A：どうも（ありがとうございます）。
B：いいえ。

A：田中さん、アメリカの　研修は　いつで
　　すか。
B：3月です。
A：何日からですか。
B：10日からです。10日から　30日まで
　　です。

A：はい。市立図書館です。
B：あのう、すみませんが、開館時間は
　　何時から　何時までですか。
A：午前10時から　午後10時までです。
B：休館日は　何曜日ですか。
A：毎週　月曜日です。
B：どうも。

Class Activity   한국과 일본의 달력을 비교해봅시다.

韓 国		日 本	
1/1	신정	1/1	元旦(がんたん)
3/1	3・1절	2/14	バレンタインデー
4/5	식목일	3/21	春分(しゅんぶん)の日(ひ)
5/5	어린이 날	4/29	みどりの日(ひ)
7/17	제헌절	5/5	子供(こども)の日(ひ)
8/15	광복절	7/7	七夕(たなばた)
10/3	개천절	8/15	お盆(ぼん)
12/25	성탄절	12/31	おおみそか

Class Activity

1 달력을 보면서 다음 질문에 답하세요.

    1. 韓国の こどもの日は いつですか。/ 日本の こどもの日は いつですか。

    2. 春分の日はいつですか。

    3. ～月～日は なんの日ですか。

    4. 韓国の クリスマスは 休みですが、日本の クリスマスも 休みですか。

2 사진을 준비하여, 사진을 보면서 상대방 가족의 생일을 묻고 대답해보세요.

    1. <u>おとうさん</u>の 誕生日は いつですか。

    2. <u>おとうさん</u>は おいくつですか。

Listening Test

1. 잘 듣고 해당하는 시계를 골라 그 기호를 쓰세요.

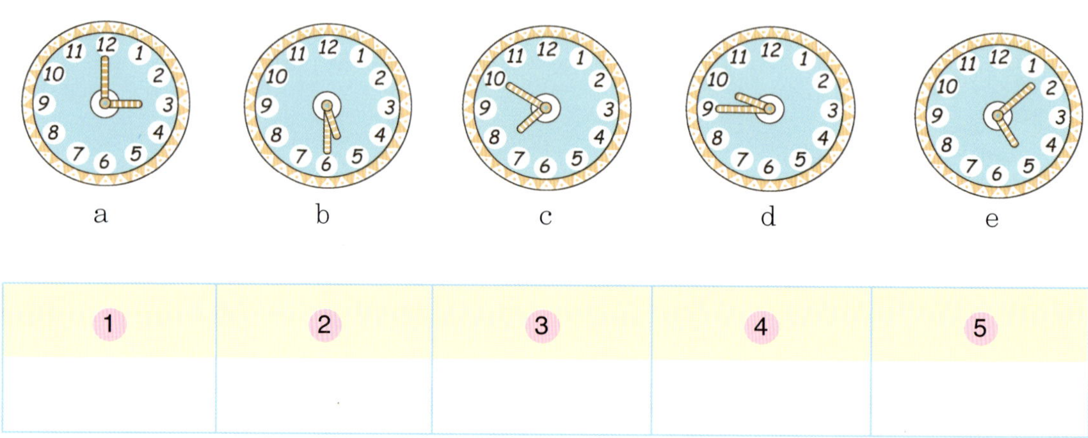

1	2	3	4	5

2. 잘 듣고 해당하는 달력을 찾아 기호를 쓰세요.

1	2	3	4	5

Grammar Point ...알짜핵심문법

01 때를 나타내는 말

日曜日	月曜日	火曜日	水曜日	木曜日	金曜日	土曜日
	おととい	きのう	今日 （きょう）	明日 （あした）	あさって	しあさって
	先々週 （せんせんしゅう）	先週 （せんしゅう）	今週 （こんしゅう）	来週 （らいしゅう）	さ来週 （らいしゅう）	
	おととし	去年 （きょねん）	今年 （ことし）	来年 （らいねん）	さ来年 （らいねん）	

회화에서는 짧게 ～曜日(ようび)를 ～曜(よう)까지만 말하기도 한다. 또 水曜日(すいようび)를 す
ようび, 木曜日(もくようび)를 もぎょうび로 발음하지 않도록 주의해야 한다.

- 来週の 金曜日は 何日ですか。　　　　다음 주 금요일은 며칠이에요?
- その つぎの 日は 何日ですか。　　　　그 다음 날은 며칠이에요?

02 ～から ～まで ～부터 ～까지

「～から」(부터) 「～まで」(까지)는 시간, 공간 모두 쓸 수 있다.

- アルバイトは 1時から 5時までです。　　아르바이트는 1시부터 5시까지입니다.
- 学校から駅まで 10分くらい かかります。　　학교에서 역까지 10분 정도 걸립니다.

1. 今 何時ですか。 히가라나로 쓰세요.

1 　　　2 　　　3 

_______________　　　_______________　　　_______________

2. 달력을 보고 대답해보세요.

4月

日	月	火	水	木	金	土
	1	2	3	4	5	6
7	8	9	10	11	12	13
14	15	16	17	18	19	20
21	22	23	24	25	26	27
28	29	30				

① 今日は 4月4日です。何曜日ですか。

② 明日は 何月何日ですか。

③ 4月14日は 何曜日ですか。

④ 来週の 金曜日は 何日ですか。

⑤ その 次(つぎ)の 日(ひ)は 何日ですか。

단어　・次(つぎ)の日(ひ) 다음날

3. 다이어리를 보고 다음 질문에 대답하세요.

11	日	教会	
12	月	期末テスト	
13	火	期末テスト	
14	水	期末テスト	
15	木	クラスコンパ	午後 6:00-8:30
16	金	映画の約束	午後5:30 新村
17	土	アルバイト	午後 5:00-9:00

① 期末テストは いつから いつまでですか。

② クラスコンパは 何曜日の 何時からですか。

③ アルバイトは 何時から 何時までですか。

④ 映画の 約束は 何曜日の 何時ですか。

단어　・教会(きょうかい) 교회

・期末(きまつ)テスト 기말시험

・クラスコンパ 과모임(회식)

・映画(えいが) 영화

・約束(やくそく) 약속

07

レストランで
레스토랑에서

1. 今日は 何に しますか。

2. この店の カレーライスは おいしいですよ。

3. 韓国料理が 好きですか。

4. そんなに 辛くありません。

5. 納豆は あまり 好きじゃありません。

Short Talk 1　今日は 何に しますか。

A：鈴木さん、今日（きょう）は 何（なに）に しますか。

B：そば定食（ていしょく）に します。パクさんは。

A：そうですね。私は 親子丼（おやこどん）に します。

B：すみません。そば定食（ていしょく） ひとつと 親子丼（おやこどん）

　　ひとつ お願（ねが）いします。

ひとつ	ふたつ	みっつ	よっつ	いつつ
むっつ	ななつ	やっつ	ここのつ	とお

 메뉴를 보고 위 대화와 같이 주문해보세요.

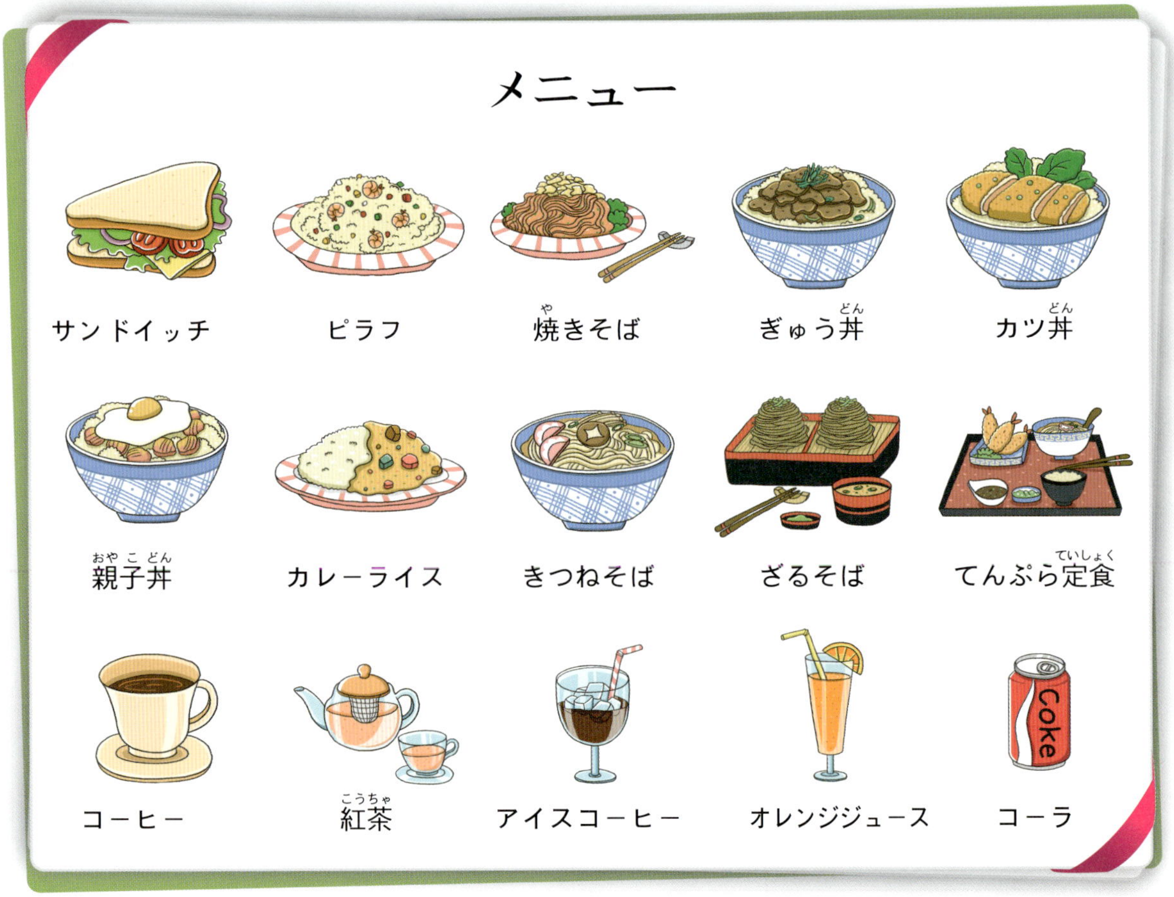

メニュー

サンドイッチ	ピラフ	焼（や）きそば	ぎゅう丼（どん）	カツ丼（どん）
親子丼（おやこどん）	カレーライス	きつねそば	ざるそば	てんぷら定食（ていしょく）
コーヒー	紅茶（こうちゃ）	アイスコーヒー	オレンジジュース	コーラ

Short Talk 2　この店<ruby>みせ</ruby>の　カレーライスは　おいしいですよ。

A：この店<ruby>みせ</ruby>の　カレーライスは　おいしいで
　　すよ。

B：そうですか。じゃ、私は　カレーライ
　　スに　します。

・おいしい（イ形容詞）

 그림의 단어를 이용하여 예와 같이 말해보세요.

① キムチ・おいしい

おいしいです。
キムチは　おいしいです。
おいしい　キムチ

② 日本語・おもしろい

③ 漢字<ruby>かんじ</ruby>・やさしい

④ テスト・むずかしい

⑤ ぞう・大<ruby>おお</ruby>きい

⑥ あり・小<ruby>ちい</ruby>さい

Short Talk 3　韓国 料理が 好きですか。

A：鈴木さん。韓国料理（かんこくりょうり）が 好（す）きですか。

B：ええ。大好（だいす）きです。

A：中華料理（ちゅうかりょうり）は どうですか。

B：中華料理も 好きです。

・〜が 好きです/大好きです

연습　다음 단어를 이용하여 예와 같이 말해보세요.

モナリザは きれいです。　　　　→ きれいな モナリザ

李さんは 歌（うた）が 上手（じょうず）です。　　→ 歌が 上手な 李さん

・〜が 上手（じょうず）だ
〜을 잘하다

モナリザ

部屋（へや）

おばさん

참고

ナ形容詞

・きれいだ 깨끗하다, 예쁘다
・静（しず）かだ 조용하다
・親切（しんせつ）だ 친절하다
・有名（ゆうめい）だ 유명하다
・丈夫（じょうぶ）だ 튼튼하다
・好（す）きだ 좋아하다
・きらいだ 싫어하다
・上手（じょうず）だ 잘하다
・下手（へた）だ 서툴다
・元気（げんき）だ 건강하다

鈴木さんの かばん

パクさん / 英語（えいご）

ともだち / 歌（うた）

Short Talk 4　そんなに 辛_{から}くないです。

A：鈴木さん、辛_{から}い ものが 好きですか。

B：ええ、好_すきですよ。とくに 韓国_{かんこく}の キムチは 大好_{だいす}きです。

A：日本_{にほん}の 食_たべ物_{もの}も 辛_{から}いですか。

B：いいえ、日本_{にほん}の 食_たべ物_{もの}は そんなに 辛_{から}くないです。

연습　맛에 관한 단어를 익히고, 다음과 같이 묻고 답해보세요.

A 　：______は ______ですか。

B1 ： はい、とても /すこし ______です。

B2 ： いいえ、あまり ______ くないです。

・とても 아주
・すこし 조금
・あまり 그다지

참고

맛에 관한 말

・おいしい 맛있다
・まずい 맛없다
・甘(あま)い 달다
・苦(にが)い 쓰다
・辛(から)い 맵다
・すっぱい 시다
・しおからい 맵다
・しょっぱい 짜다

Short Talk 5　納豆は あまり 好きじゃありません。

A：スミスさん、日本の 食べ物は 好きですか。

B：ええ。でも、納豆は あまり 好きじゃありません。

연습　단어를 익히고 다음과 같이 묻고 대답하세요.

A：＿＿＿＿さん、＿＿＿＿が/は 好きですか。

B：ええ。でも、＿＿＿＿は あまり 好きじゃありません。

スポーツ	テニス 테니스	ジョギング 조깅	水泳 수영	スケート 스케이트
音楽	演歌 엔카	クラシック 클래식	ロック 록	ポップス 팝스
お酒	ビール 맥주	ウイスキー 위스키	焼酎 소주	マッコリ 막걸리

90

Model Talk   일식 레스토랑에서   Track 50

A：パクさん、日本の 食べ物は 好きですか。
B：ええ、大好きです。
A：さしみも 大丈夫ですか。
B：おさしみは ちょっと…。
A：あ、そうですか。じゃ、すき焼きは どうですか。この店の すき焼きは 有名ですよ。
B：そうですか。じゃ、それに します。
C：ご注文 よろしいですか。
A：はい。すき焼き 2人前 お願いします。
C：はい、かしこまりました。

단어

- たべもの 음식
- おさしみ 회
- ～は ちょっと… ～은 좀
- すき焼(や)き 스키야키
- 店(みせ) 가게
- ご注文(ちゅうもん) 주문
- 2人前(ににんまえ) 2인분

「～人分」에 해당하는 말

・1人前(いちにんまえ)	・2人前(ににんまえ)	・3人前(さんにんまえ)
・4人前(よにんまえ)	・5人前(ごにんまえ)	・6人前(ろくにんまえ)
・7人前(しちにんまえ)	・8人前(はちにんまえ)	・9人前(くにんまえ)

Class Activity

여기는 패스트푸드점. 손님과 점원이 되어 주문을 해보세요.

A : いらっしゃいませ。ご注文 よろしいですか。

B : チーズバーガー ふたつと コーラ ふたつ
お願いします。

A : お持ち帰りですか。

B : はい。

A : チーズバーガー ふたつと コーラ ふたつです
ね。少々 お待ちください。

① アイスクリーム / ポテト

② コーヒー / ハンバーガー

③ コーラ / ハンバーガー /
ポテト

Listening Test

▶ 잘 듣고 내용에 해당하는 그림을 골라 체크하세요.

01   おひるは 何に しますか。   점심은 뭘로 하겠습니까?

「お昼(ひる)」는 점심식사 또는 점심때를 나타내는 말이고, 「何に しますか。」는 무엇으로 하겠냐고 묻는 표현이다. 좀더 정중하게 말하고 싶을 때는 「何に なさいますか」라고 하고, 대답은 「〜に します」(〜로 하겠습니다)로 한다.

- 飲(の)み物(もの)は 何(なに)に しますか。   음료는 뭘로 하겠어요?
- ジュースに します。   주스로 할게요.

02   お願いします   부탁합니다

「願(ねが)う」는 '바라다, 원하다' 라는 뜻인데, 「お願(ねが)いします」 형태로 뭔가를 주문하거나 부탁할 때 쓰는 아주 편리한 말이다.

- お水(みず) お願いします。   물 좀 주세요.
- 鈴木さん お願いします。   스즈키 씨 좀 부탁드립니다.(전화에서)

03   イ형용사

일본어의 형용사에는 イ형용사와 ナ형용사가 있는데, イ형용사는 사전형이 모두 〜い로 끝나는 말로, 서술할 때 기본형은 반말투이고, 「です」를 붙이면 정중한 말투가 된다. 또, 명사를 수식할 때는 「〜い+명사」로 표현하고, 부정의 「ない」가 붙을 때는 기본형의 「い」가 「く」로 바뀌어 「くない」가 된다.

기본형	명사수식형	정중한 서술형	부정형
おいしい 맛있다	おいしい キムチ	おいしいです	おいしくありません（おいしくないです）
さむい 춥다	さむい 国(くに)	さむいです	さむくありません（さむくないです）
いい 좋다	いい 色(いろ)	いいです	よくありません（よくないです）

04　ナ形容사

보통 학교문법에서는 형용동사라고 하는데, 명사를 꾸밀 때 「〜な」형으로 꾸미는 활용상의 특징 때문에 「ナ형용사」라고 부른다. 또 활용은 명사와 비슷해서 명사형용사라고 부르기도 한다.

기본형		명사수식형	정중한 서술형	부정형
きれいだ	예쁘다	きれいな 人	きれいです	きれいじゃありません（きれいじゃないです）
好きだ	좋아하다	好きな 人	好きです	好きじゃありません（好きじゃないです）
有名だ	유명하다	有名な 人	有名です	有名じゃありません（有名じゃないです）

05　〜が 好きですか。～를 좋아해요?

「好きです」는 '좋아합니다'란 뜻으로, 한국어에서는 '～를 좋아하다'와 같이 조사 '을, 를'을 쓰는데, 「好きです」의 경우는 조사 「が」를 취하므로, 주의해야 한다.

- キムチが 好きです。 / きらいです。　　　김치를 좋아합니다 / 싫어합니다
- 日本語が 上手です / 下手です。　　　일본어를 잘합니다 / 못합니다.

※ 정도부사

	とても	たいへん	かなり	すこし	ちょっと
긍정	아주	매우	꽤	조금	좀
	全然（ぜんぜん）	あまり	そんなに	それほど	べつに
부정	전혀	그다지	그렇게	썩（그다지）	별로

Drill & Check...

1. 다음 물음에 부정형으로 대답해보세요.

   1 この店の コーヒーは おいしいですか。　　いいえ、あまり （　　　　　　　　　　　　）。

   2 日本語の会話は やさしいですか。　　　　いいえ、そんなに （　　　　　　　　　　　）。

   3 成績は いいですか。　　　　　　　　　いいえ、あまり （　　　　　　　　　）。

   4 この コップは きれいですか。　　　　いいえ、あまり （　　　　　　　　）。

   5 辛いものは きらいですか。　　　　　　いいえ、（　　　　　　　　　）。

2. 다음 빈칸에 들어갈 말을 써 넣으세요.

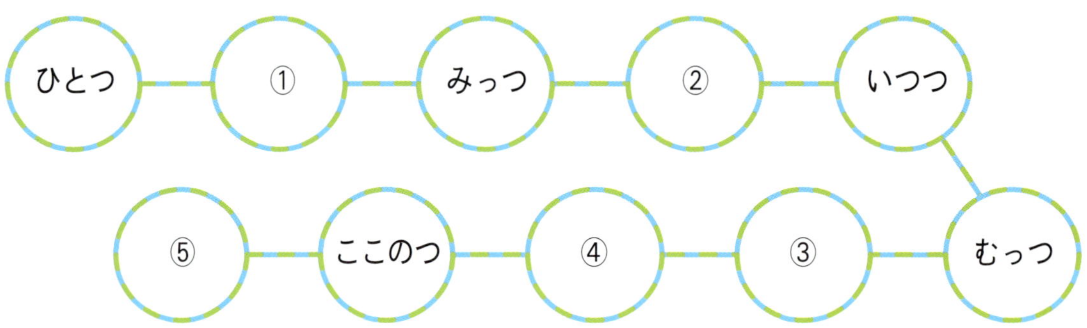

3. 다음 빈칸에 들어갈 조사를 보기에서 골라 그 기호를 써 넣으세요.

　　　　ⓐ が　　ⓑ で　　ⓒ と　　ⓓ な　　ⓔ に　　ⓕ の　　ⓖ は　　ⓗ を

   1 お昼ご飯は 何 ☐ しますか。

   2 あの 人は 歌 ☐ 上手ですか。

   　　いいえ、歌 ☐ あまり 上手じゃありません。

   3 じゃあ、おすし ☐ どうですか。

   4 日本語が 上手 ☐ 人。

08

いくらですか。
얼마예요?

1. これは いくらですか。

2. もっと 大きいのは ありませんか。

3. あかい ボールペン ありますか。

4. けしゴムを 二つ ください。

5. スポーツ用品は 何階ですか。

Short Talk 1　これは いくらですか。

A：これは いくらですか。

B：2,500円です。 _{にせんごひゃくえん}

A：じゃ、それは いくらですか。

B：どれですか。

A：その 小さい かばんです。 _{ちい}

B：これは 1,800円です。 _{せんはっぴゃく}

금액읽는 법을 참고하여 위 대화처럼 묻고 대답하세요.

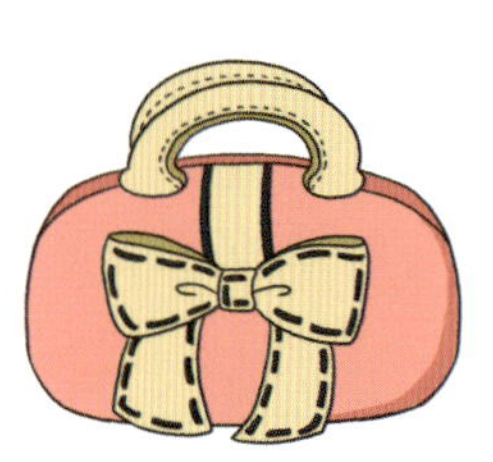

¥3,400

¥13,000

¥800

100	ひゃく	1,000	せん	10,000	いちまん
200	にひゃく	2,000	にせん	20,000	にまん
300	さんびゃく	3,000	さんぜん	30,000	さんまん
400	よんひゃく	4,000	よんせん	40,000	よんまん
500	ごひゃく	5,000	ごせん	50,000	ごまん
600	ろっぴゃく	6,000	ろくせん	60,000	ろくまん
700	ななひゃく	7,000	ななせん	70,000	ななまん
800	はっぴゃく	8,000	はっせん	80,000	はちまん
900	きゅうひゃく	9,000	きゅうせん	90,000	きゅうまん
?	なんびゃく	?	なんぜん	?	なんまん

Short Talk 2　赤<ruby>あか</ruby>い ボールペン ありますか。

A：すみません。赤<ruby>あか</ruby>い ボールペン ありますか。

B：はい。あります。

A：青<ruby>あお</ruby>い ボールペンも ありますか。

B：すみません。青<ruby>あお</ruby>は 今<ruby>いま</ruby> ありませんが。

연습　그림의 단어를 이용하여 말해보세요.

A：すみません。（赤<ruby>あか</ruby>い）ボールペンありますか。

B：はい。あります。

참고

- 赤（あか）い
- 青（あお）い
- 白（しろ）い
- 黄色（きいろ）い
- 黒（くろ）い
- 茶色（ちゃいろ）い
- 緑（みどり）の
- 紫（むらさき）の
- 桃色（ももいろ）の
- 朱色（しゅいろ）の
- 灰色（はいいろ）の

いろがみ

ファイル

かばん

ボールペン

Short Talk 3　もっと 大<ruby>おお</ruby>きいのは ありませんか。

A：ちょっと 小<ruby>ちい</ruby>さいですね。もっと
　　大<ruby>おお</ruby>きいのは ありませんか。

B：すみません。これだけです。

・もう少(すこ)し　좀더
・大(おお)きいの　큰것
・だけ　~뿐

연습　다음 그림의 단어를 이용하여 말해보세요.

A：ちょっと ＿＿＿＿ですね。もう少し ＿＿＿＿のは ありませんか。

B：すみません。これだけです。

1

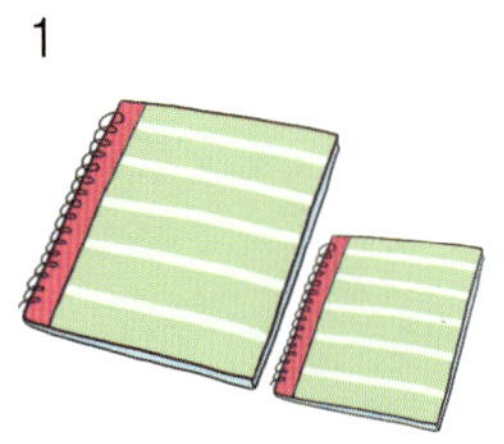

大<ruby>おお</ruby>きい・小<ruby>ちい</ruby>さい
크다・작다

2

長<ruby>なが</ruby>い・短<ruby>みじか</ruby>い
길다・짧다

3

太<ruby>ふと</ruby>い・細<ruby>ほそ</ruby>い
굵다・가늘다

4

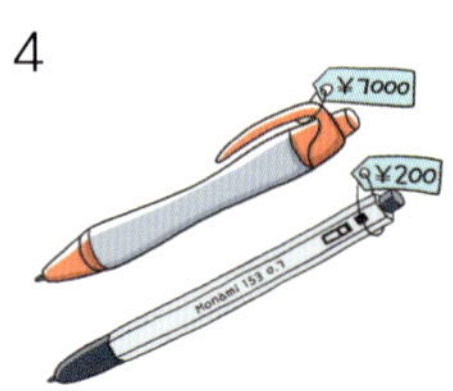

高<ruby>たか</ruby>い・安<ruby>やす</ruby>い
비싸다・싸다

5

暗<ruby>くら</ruby>い・明<ruby>あか</ruby>るい
어둡다・밝다

6

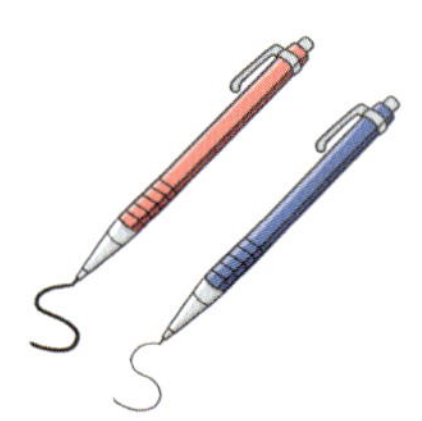

重<ruby>おも</ruby>い・軽<ruby>かる</ruby>い
무겁다・가볍다

Short Talk 4　けしゴムを 二(ふた)つ ください。

A：すみません。けしゴム 二(ふた)つと ボール
　　ペンを ください。

B：はい。ボールペンは 何本(なんぼん)ですか。

A：3本(さんぼん) ください。

B：はい、全部(ぜんぶ)で 1,250円です。

・〜本(ほん)
・全部(ぜんぶ)で
・ください

연습　조수사 읽는 법을 익힌 다음 점원과 손님으로 역할을 정하여 연습해보세요.

1

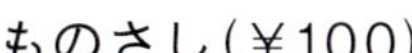
ものさし（¥100）

2

いろがみ （¥50）

3

ボールペン（¥150）

4

ノート（¥100）

	和数詞	〜枚(장)	〜本(자루)	〜冊(권)
1	ひとつ	いちまい	いっぽん	いっさつ
2	ふたつ	にまい	にほん	にさつ
3	みっつ	さんまい	さんぼん	さんさつ
4	よっつ	よんまい	よんほん	よんさつ
5	いつつ	ごまい	ごほん	ごさつ
6	むっつ	ろくまい	ろっぽん	ろくさつ
7	ななつ	ななまい	ななほん	ななさつ
8	やっつ	はちまい	はっぽん	はっさつ
9	ここのつ	きゅうまい	きゅうほん	きゅうさつ
10	とお	じゅうまい	じゅっぽん	じゅっさつ
？	いくつ	なんまい	なんぼん	なんさつ

注文リスト

1. ものさし 1ぽんと
　ボールペン 5ほん

2. ノート 10さつと
　いろがみ 5まい

※ じゅっぽん ＝ じっぽん
　じゅっさつ ＝ じっさつ

Short Talk 5　スポーツ用品は　何階ですか。

ようひん なんがい

A：すみません。スポーツ用品は
　　何階ですか。

B：7階です。

A：おもちゃも 7階ですか。

B：いいえ、おもちゃは 5階です。

연습　다음 매장이 몇 층인지 물어보세요.

① 香水売り場　향수매장

② 食堂街　식당가

③ おもちゃ売り場　장난감매장

④ 駐車場　주차장

⑤ 本屋　서점

Model Talk　구두매장에서 신발을 사보세요.　

A：いらっしゃいませ。

B：このくつは いくらですか。

A：どのくつですか。

B：この茶色（ちゃいろ）のです。

A：それは　3500円です。サイズは

　　おいくつですか。

B：24です。

A：はい。どうぞ。

B：すみません。もう少し　大きいのは　ありませんか。

A：ありますよ。どうぞ。24.5です。

B：あ、これが　ちょうど　いいですね。これを　ください。

A：どうも　ありがとうございます。

B：これで　おねがいします。(만엔짜리를 건넨다)

A：はい、6,500円の　おつりです。ありがとうございました。

くつ	ブーツ	スニーカー

Class Activity

1 우선 위 대화를 연습하고 나서 역할을 나누어 연습해보세요.
　신발사이즈 24=240mm　24.5 = 245mm

2 신발의 종류를 바꾸어 자신이 사고 싶은 신발을 사보세요.

Class Activity

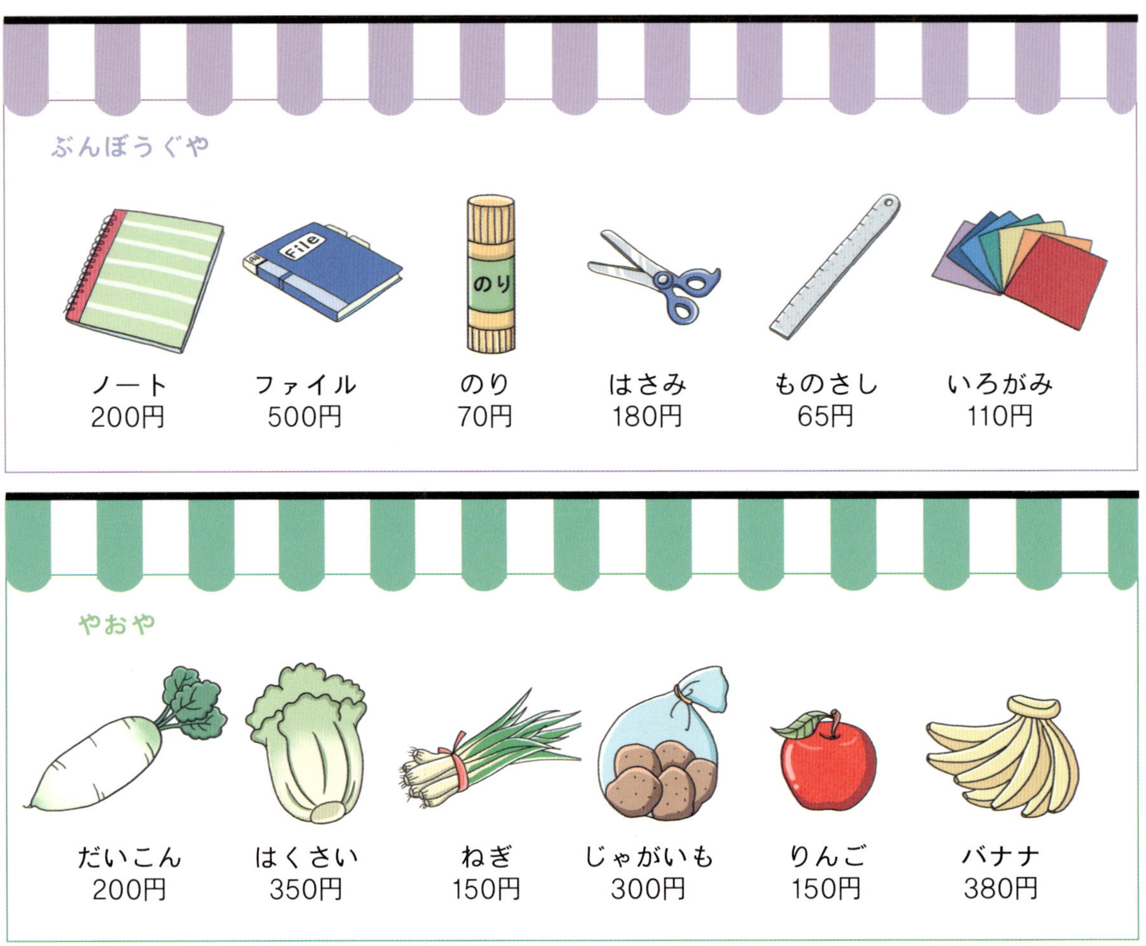

私のかいものリスト		
1	ねぎ	150円
2	だいこん	200円
3	ノート	200円
4	ものさし	150円
5	のり	150円
	合計	850円

Listening Test

1. 문구점에서 구입한 것을 고르세요.

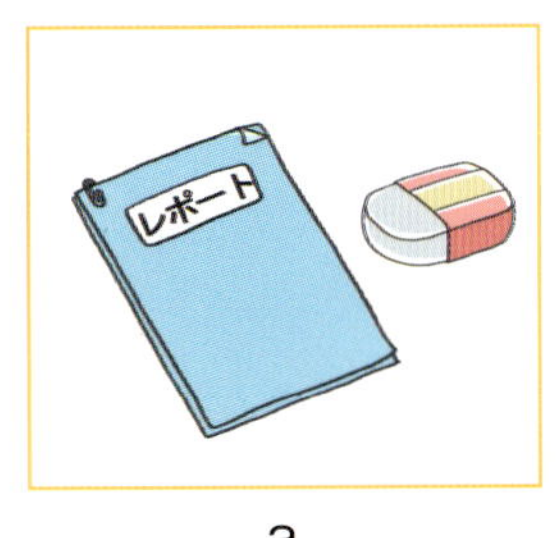

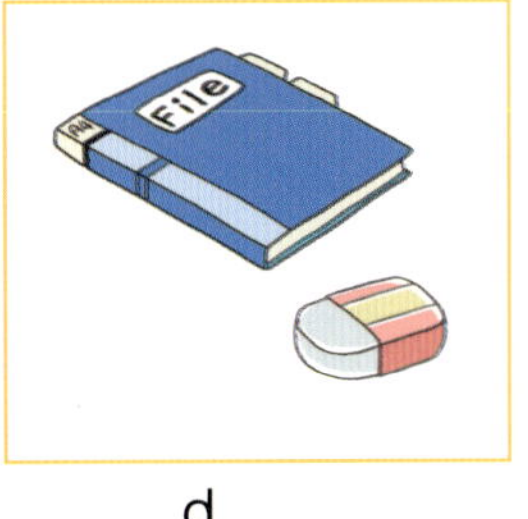

a   b   c   d

2. 야채가게에서 구입한 것을 고르고 합계금액을 쓰세요.

a   b   c   d

3. 잘 듣고 해당하는 금액을 써 넣으세요.

①

②

③

④

⑤

⑥

01 　いくらですか。　얼마입니까?

가게에서 가격을 물을 때 쓰는 말이다. 좀 더 정중하게 말하고 싶을 때는 「おいくらですか」라고도 하고, 실제 회화에서는 간단하게 「おいくら?」 하고 말하기도 한다. 비슷한 표현인 「(お)いくつですか」는 나이를 묻는 말이므로 주의.

A：いくらですか。	얼마예요?
B：1200円です。	1200엔입니다.
A：いくつですか。	몇 개예요?
B：いつつです。	다섯 개입니다.
A：おいくつですか。	얼마예요?
B：24(さい)です。	24살입니다.

02 　もう少し 大きいのは ありませんか。　좀더 큰 것은 없습니까?

「の」가 "～의 것"이란 뜻으로 쓰인 경우이다.

- 大きい かばん 　→ 大きいの 　큰 것
- 小さい くつ 　→ 小さいの 　작은 것
- きれいな タオル 　→ きれいなの 　깨끗한 것

필수 형용사

大(おお)きい	크다	小(ちい)さい	작다
長(なが)い	길다	短(みじか)い	짧다
太(ふと)い	두껍다	細(ほそ)い	가늘다
高(たか)い	비싸다	安(やす)い	싸다
高(たか)い	높다	低(ひく)い	낮다
暗(くら)い	어둡다	明(あか)るい	밝다
重(おも)い	무겁다	軽(かる)い	가볍다
遠(とお)い	멀다	近(ちか)い	가깝다
きたない	더럽다	きれいだ	깨끗하다(ナ형용사)
うるさい	시끄럽다	しずかだ	조용하다(ナ형용사)

03   どうぞ

상대방에게 뭔가를 권할 때 쓰는 말로, 뒤에 오는 동사를 생략해서 말하는 경우가 많다. 이때 상대방은 「どうも」라고 간단히 답하면 된다.

- 차를 권할 때

  A：どうぞ(おのみください)。

  B：どうも(ありがとうございます/すみません)。

- 자리를 권할 때

  A：どうぞ(おかけください)。

  B：どうも(ありがとうございます/すみません)。

1. 그림을 보고 금액을 말해보세요.

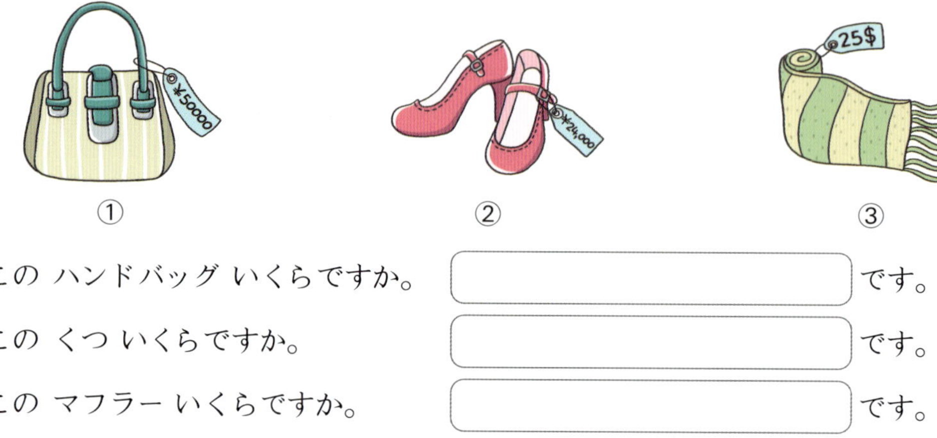

①   ②   ③

1 この ハンドバッグ いくらですか。 [　　　] です。

2 この くつ いくらですか。 [　　　] です。

3 この マフラー いくらですか。 [　　　] です。

・¥ 円(えん) ・$ ドル

2. 다음 문장을 읽고 적당한 표현을 쓰세요.

1 この本は ちょっと むずかしいですね。もう少し [　　　] のは ありませんか。

2 このかばんは ちょっと 大きいですね。もう少し [　　　] のは ありませんか。

3 これは ヒールが ちょっと 高いですね。もう少し [　　　] のは ありませんか。

4 このタオルは ちょっと きたないですね。もう少し [　　　] のは ありませんか。

3. 그림을 보고 주문해보세요.(〜と : 〜랑, 과)

すみません。________と ________ ください。

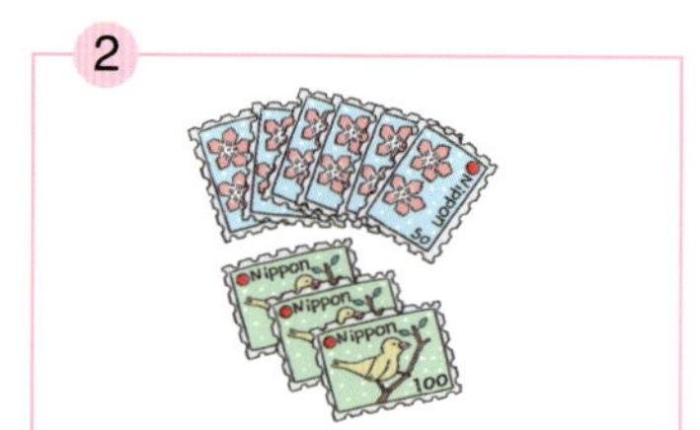

どちらが 背が 高いですか。
어느쪽이 키가 커요?

1. 人の描写

2. どちらが 背が 高いですか。

3. どの 人ですか。

4. どんな ところですか。

5. 北海道は どうでしたか。

6. そんなに むずかしくなかったです。

Short Talk 1　人の描写

・かみ（髪）머리카락

・あたま（頭）머리

・かお（顔）얼굴

・め（目）눈

・はな（鼻）코

・くち（口）입

・みみ（耳）귀

・くび（首）목

＊くちびる（唇）입술

＊は（歯）이

＊した（舌）혀

・て（手）손

・ゆび（指）손가락

・かた（肩）어깨

・うで（腕）팔

・こし（腰）허리

・（お）しり 엉덩이

・せなか（背中）등

・ひざ 무릎

・あし（足）다리

目が おおきい/ほそい

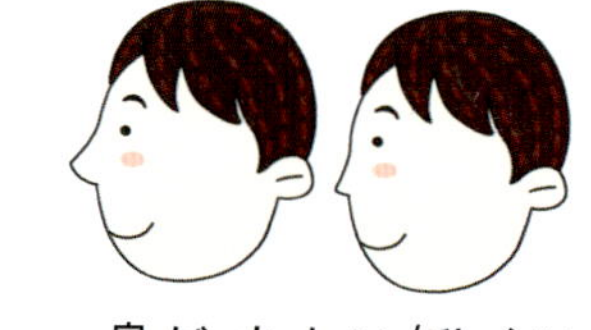

鼻が たかい/ひくい

口が おおきい/ ちいさい

足が ながい / みじかい

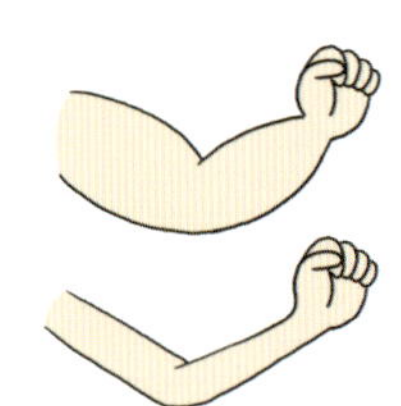

うでが ふとい/ ほそい

せが たかい/ ひくい

かみが ながい/ みじかい

顔が まるい/しかくい/ほそながい

ふとっている/やせている

Short Talk 2　どちらが 背が 高いですか。

연습　그림을 보고 다음과 같이 묻고 대답하세요.

A：ハンさんと 田村さんと どちらが 背が 高いですか。
B：ハンさんの ほうが 背が 高いです。
A：6人の なかで だれが いちばん かみが 長いですか。
B：田村さんが いちばん かみが 長いです。 / 田村さんです。

A：よしこさんと 田村さんと どちらが 目が 大きいですか。

B：＿＿＿＿＿さんの ほうが 目が 大きいです。

A：ハンさんと 吉田さんと どちらが かみが 長いですか。

B：＿＿＿＿＿さんの ほうが かみが 長いです。

A：6人の なかで だれが いちばん ＿＿＿＿＿ですか。

B：＿＿＿＿＿さんが いちばん ＿＿＿＿＿です。 / ＿＿＿＿＿さんです。

Short Talk 3　どの　人<ruby>ひと</ruby>ですか。

연습 다음 질문에 답해보세요.

A：田村さんは　どの人ですか。
B：ほら、あの　目が　大きくて　背が　低い　人ですよ。

A：ハンさんは　どの人ですか。

B：＿＿＿＿＿＿＿＿＿＿＿＿＿＿＿＿＿＿＿　人ですよ。

A：吉田さんは　どの人ですか。

B：＿＿＿＿＿＿＿＿＿＿＿＿＿＿＿＿＿＿＿　人ですよ。

A：鈴木さんは　どの人ですか。

B：＿＿＿＿＿＿＿＿＿＿＿＿＿＿＿＿＿＿＿　人ですよ。

A：チェさんは　どの人ですか。

B：＿＿＿＿＿＿＿＿＿＿＿＿＿＿＿＿＿＿＿　人ですよ。

Short Talk 4　どんな ところですか。

A：田村さん、出身は どちらですか。
B：東京です。

A：どんな ところですか。
B：大きくて にぎやかな ところです。

연습　다음 단어를 이용하여 말해보세요.

A：京都は どんな ところですか。
B：しずかで きれいな 町です。

1. 福岡は どんな ところですか。
2. シンチョン(新村)は どんな ところですか。
3. (あなたの 町)は どんな ところですか。

A：金さんは どんな 人ですか。
B：親切で やさしい 人です。

1. 田村さんは どんな 人ですか。
2. 鈴木さんは どんな 人ですか。
3. (あなたの こいびと)は どんな 人ですか。

단어

- 有名(ゆうめい)だ 유명하다
- 観光地(かんこうち) 관광지
- 安全(あんぜん)だ 안전하다
- すみやすい 살기 좋다
- 交通(こうつう) 교통
- 便利(べんり)だ 편리하다
- 不便(ふべん)だ 불편하다
- にぎやかだ 번화하다
- 明(あか)るい 밝다
- おもしろい 재미있다, 웃기다
- やさしい 자상하다
- きれいだ 예쁘다
- ハンサムだ 잘생겼다
- きびしい 엄격하다
- わかい 젊다
- 頭(あたま)がいい 머리가 좋다
- まじめだ 성실하다

Short Talk 5　北海道は　どうでしたか。

A：北海道は　どうでしたか。

B：少し　寒かったですが、雪が　きれいで
　　した。

연습　형용사의 과거형을 익힌 다음 연습해보세요.

つよい →つよかった →つよかったです	きれいだ →きれいだった →きれいでした	
たかい →たかかった →たかかったです	しんせつだ →しんせつだった →しんせつでした	
＊いい →よかった →よかったです		

A：済州島は　どうでしたか。（風が　強い・海が　きれいだ）

B：すこし　風が　強かったです。でも　海が　きれいでした。/ 少し　風が　強かったですが、海が　きれいでした。

A：東京は　どうでしたか。（物価が　高い・食べ物が　おいしい）

B：＿＿＿＿＿＿＿＿＿＿＿＿＿＿＿＿＿＿＿＿＿＿＿

A：北京は　どうでしたか。（自転車が　多い・建物が　きれいだ）

B：＿＿＿＿＿＿＿＿＿＿＿＿＿＿＿＿＿＿＿＿＿＿＿

A：＿＿＿＿は　どうでしたか。（旅行・デート・コンサート）

B：＿＿＿＿＿＿＿＿＿＿＿＿＿＿＿＿＿＿＿＿＿＿＿

Short Talk 6　そんなに 難<ruby>しくなかったです。<rt>むずか</rt></ruby>

A：テストは どうでしたか。

B：そんなに 難<ruby>しくなかったです。<rt>むずか</rt></ruby>

　　やさしかったです。

A：そうですか。よかったですね。

연습　단어와 문형을 이용하여 묻고 대답하세요.

A：＿＿＿＿＿は どうでしたか。

B：そんなに ＿＿＿＿＿くなかったです。＿＿＿＿＿かったです。

B：そんなに ＿＿＿＿＿じゃありませんでした。＿＿＿＿＿でした。

えんそく　소풍

<ruby>学園祭<rt>がくえんさい</rt></ruby>

たなかさん

えいが

단어

- むずかしい　어렵다
- やさしい　쉽다
- たのしい　즐겁다
- たいくつだ　따분하다
- つまらない　재미있다
- 忙(いそが)しい　바쁘다
- ひまだ　한가하다
- よい　좋다
- 悪(わる)い　나쁘다
- 元気(げんき)だ　건강하다
- こわい　무섭다
- とても　아주
- けっこう　꽤
- おもったより　생각보다
- やっぱり　역시

Model Talk　여행을 다녀와서

A：これ、ハワイの おみやげです。

B：わあ、ありがとう。

　　ハワイは どうでしたか。

A：とても よかったです。海が きれいで、

　　みんな とても 親切でした。

B：食べ物は どうでしたか。

A：すこし 高かったです。

　　でも とても おいしかったです。

・おみやげ 선물　・みんな 모두

アメリカの ニューヨーク

・人が 多い　사람이 많다

・ひろい　넓다

・建物が 高い　건물이 높다

・物価が 高い　물가가 비싸다

・天気が いい　날씨가 좋다

中国の ペキン

・人が 多い　사람이 많다

・ひろい　넓다

・建物が 古い　건물이 오래되다

・物価が 安い　물가가 싸다

・風が 強い　바람이 세다

Class Activity

1 위 대화를 역할을 나누어 짝과 연습하세요.

2 여행지 정보를 이용하여 위와 같이 연습하세요.

Listening Test   듣고 그려보세요.

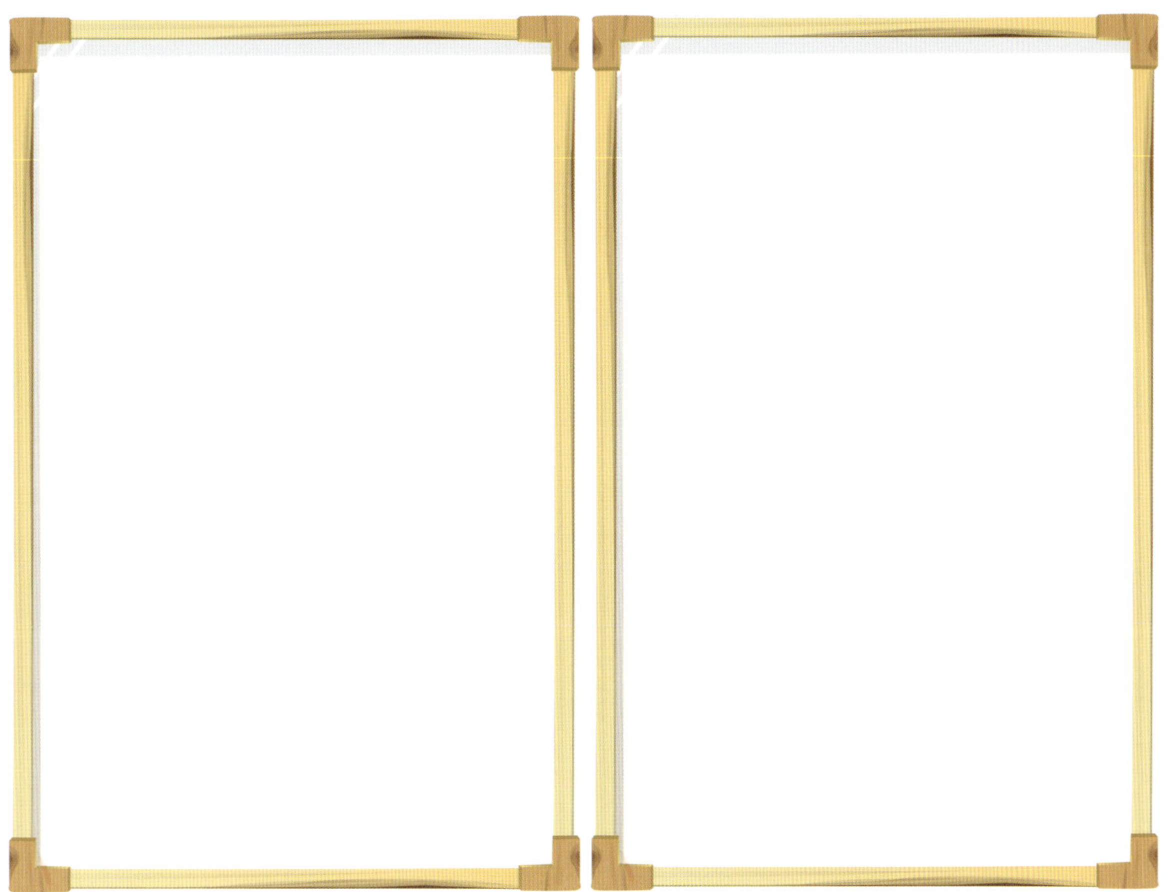

01 イ형용사 및 ナ형용사의 과거형 및 과거부정형

イ形容詞	おいしい	おいしかったです	おいしくなかったです
	おもしろい	おもしろかったです	おもしろくなかったです
	いい/よい	よかったです	よくなかったです
ナ形容詞	上手だ	上手でした	上手じゃありませんでした(じゃなかったです)
	きれいだ	きれいでした	きれいじゃありませんでした(じゃなかったです)
	しずかだ	しずかでした	しずかじゃありませんでした(じゃなかったです)

① イ형용사의 과거형은 「おいし**い** → おいし**かった**」와 같이, 끝의 「い」를 「かった」로, 과거부정형은 「お

いし**くない** → おいし**くなかった**」와 같이 「くない」를 「くなかった」로 바꾼다.

② 「いい」는 활용할 때는 「よい」로 활용하므로, 「いかった」가 아니라 「よかった」라고 한다.

02 ～と ～と どちらが ～ですか 비교표현

A와 B 두 개를 서로 비교하는 표현이다. 둘 중에 하나만을 선택해서 대답할 것을 기대하고 묻는 질

문으로, 대답은 「～の ほうが ～です」라고 하는데, 이밖의 다른 대답표현도 알아보자.

A ： 車と 地下鉄と どちらが 便利ですか。　자동차하고 지하철 중에 어느 것이 편리해요?

B1 ： 車の ほうが 便利です。　차가 편리해요.

B2 ： 地下鉄より 車の ほうが 便利です。　지하철보다 차가 편리해요.

　　→ 地下鉄は 車ほど 便利じゃありません。　지하철은 자동차만큼 편리하지 않아요.

A ： 地下鉄より 車の ほうが 早いですか。　지하철보다 차가 빨라요?

B ： いいえ、どちらも 同じぐらいです。　아뇨, 둘 다 비슷해요.

03　～の なかで ～が 一番 ～ですか 최상급표현

「～중에서 ～가 제일 ～합니까?」선택의 범위 안에서 어느것이(누가, 무엇이) 제일 ～한지를 묻는 표현이다. 대답은 한가지만 선택해서「～が 一番～です」와 같이 표현한다.

- 韓国の 俳優の なかで だれが 一番 好きですか。

  한국배우 중에 누구를 제일 좋아해요?

- クラスの なかで だれが 一番 日本語が 上手ですか。

  반에서 누가 제일 일본어를 잘해요?

- スポーツの なかで なにが 一番 好きですか。

  스포츠 중에 뭘 제일 좋아해요?

04　イ형용사 및 ナ형용사의 て형

형용사를 나열해서 표현할 때, イ형용사는「い」를「くて」로, ナ형용사는「だ」를「で」로 바꾼 다음 연결한다.

| おいしい + やすい | → | おいしくて やすい |
| しずかだ + きれいだ | → | しずかで　きれいだ |

- この店は おいしくて 安くて 親切です。　　　이 가게는 맛있고 싸고 친절합니다.
- すずきさんは まじめで やさしいです。　　　스즈키 씨는 성실하고 다정합니다.

> 참고　「～て」는 '～해서'의 뜻으로 이유를 나타내기도 한다.

- 学校が 近くて 便利です。　　　학교가 가까워서 편리합니다.
- この公園は 静かで いいです。　　　이 공원은 조용해서 좋아요.

1. 다음 질문에 답하세요.

おもしろい	おいしい	つまらない	むずかしい
せまい	たいへんだ	じょうずだ	へただ
べんりだ	りっぱだ	いい (よい)	やさしい

1 映画は どうでしたか。　____________________

2 デートは どうでしたか。　____________________

3 テストは どうでしたか。　____________________

4 アルバイトは どうでしたか。　____________________

5 旅行は どうでしたか。　____________________

2. 네모 안에 적당한 의문사를 넣고, 자유롭게 대답해보세요.

1 コーヒーと 紅茶(こうちゃ)と　　　　　　が 好きですか。

2 季節(きせつ)の なかで　　　　　　が 一番 好きですか。

3 飲み物の なかで　　　　　　が 一番 好きですか。

4 スポーツの なかで　　　　　　が 一番 得意(とくい)ですか。

5 クラスの なかで　　　　　　が 一番 歌が 上手ですか。

外国語(がいこくご)	季節(きせつ)	飲み物(のみもの)	スポーツ
・英語(えいご)	・春(はる)	・コーヒー	・サッカー
・中国語(ちゅうごくご)	・夏(なつ)	・ジュース	・水泳(すいえい)
・日本語(にほんご)	・秋(あき)	・コーラ	・野球(やきゅう)
・フランス語(ご)	・冬(ふゆ)	・紅茶(こうちゃ)	・テニス

どこに ありますか。
어디에 있어요?

1. どこに ありますか。

2. 何か ありますか。

3. どこに いますか。

4. だれか いますか。

Short Talk 1　どこに ありますか。

A：すみません。トイレは どこに ありますか。

B：エレベーターの よこに あります。

A：エレベーターの よこですね。どうも。

B：いいえ。

A： トイレは どこですか。
B： エレベーターの よこです。

연습 위치를 나타내는 표현을 익히고 그림을 보고 말해보세요.

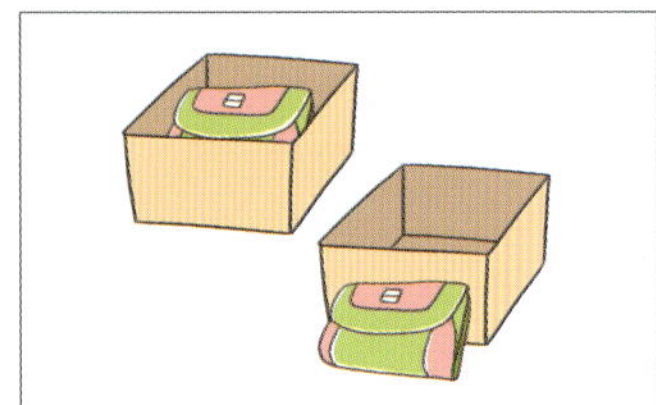

なか 안 /そと 밖

となり 옆, 이웃

よこ 옆

まえ 앞 /うしろ 뒤

むかい 건너편

そば 옆, 곁

1. さいふは はこの なかに あります。

2. _______________________________

3. _______________________________

4. _______________________________

단어

- 自動販売機（じどうはんばいき） 자동판매기
- 駐車場（ちゅうしゃじょう） 주차장
- 公園（こうえん） 공원
- 公衆電話（こうしゅうでんわ） 공중전화
- ビル 빌딩

Short Talk 2　なにか ありますか。

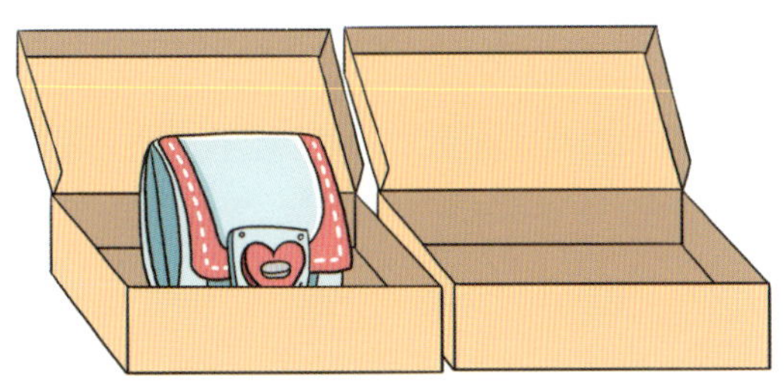

A：はこの なかに なにか ありますか。

B：はい、さいふが あります。

A：はこのなかに なにか ありますか。

B：いいえ、なにも ありません。

연습 위치를 나타내는 표현을 익힌 다음 그림을 보면서 묻고 답하세요.

> A　：　はこの なかに なにか ありますか。
>
> B　：　はい、あります。/ いいえ、なにも ありません。
>
> A　：　なにが ありますか。
>
> B　：　さいふが あります。

1

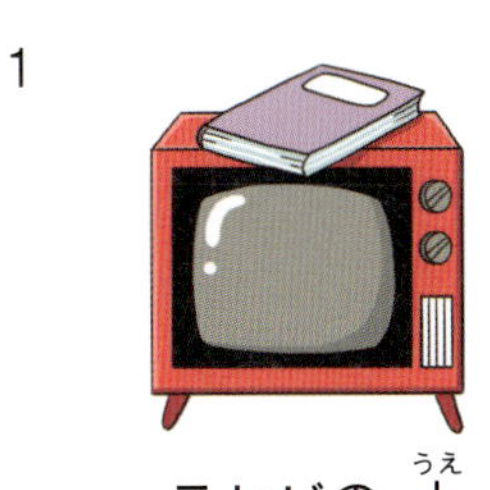

テレビの 上

2

テーブルの 下

3

はこの 中

4

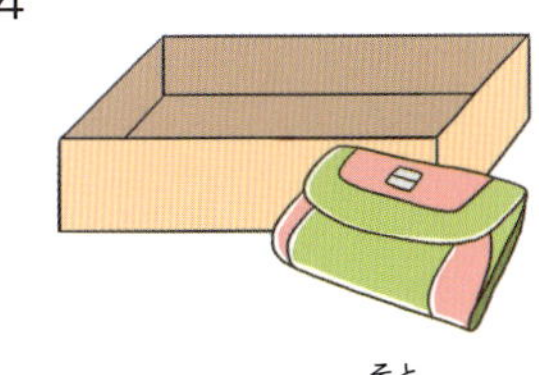

はこの 外

5

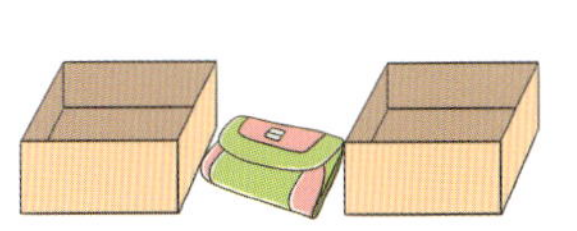

はこと はこの 間

6

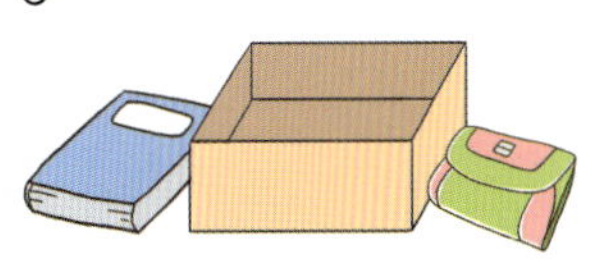

はこの 左 / はこの 右

Short Talk 3　どこに いますか。

A：さとうさんは どこに いますか。

B：すずきさんの となりに います。

A：金さんは どこに いますか。

B：金さんは すずきさんの 前です。

 위치를 나타내는 표현을 익히고, 아래 빈칸에 들어갈 말을 넣어 연습하세요.

1.　Aさんのとなり

2.　AさんとBさんの あいだ

3.　Aさんのまえ

4.　Aさんのうしろ

5.　いちばんまえ

6.　まんなか

1.　さとうさん　は　　　　　　　　　　　　に います。

2.　チェさん　　は　　　　　　　　　　　　に います。

3.　パクさん　　は　　　　　　　　　　　　に います。

4.　金さん　　　は　　　　　　　　　　　　に います。

Short Talk 4　だれか いますか。

A：教室の なかに だれか いますか。

B：いいえ、だれも いません。

A：じゃ、ろうかには だれか いますか。

B：ええ、すずきさんが います。

연습　장소를 나타내는 표현을 익히고, 아래와 같이 연습해보세요.

1. くるまの なか

2. グラウンド

3. 食堂

4. しばふの 上

5. 売店

6. 図書室

①

A ：くるまの なかに だれか いますか。

B ：はい、います。

A ：だれが いますか。

B ：すずきさんが います。

②

A ：くるまの なかに だれか いますか。

B1 ：はい、すずきさんが います。

B2 ：いいえ、だれも いません。

Model Talk　へやで

A：テレビの そばに 何が ありますか。

B：スタンドが あります。

A：いすの よこに 何か いますか。

B：いいえ、なにも いません。

A：じゃ、こたつの うえに 何か いますか。

B：ええ、ねこが います。

단어
・スタンド 스탠드
・こたつ 고타츠(난방기기)
・ねこ 고양이

Class Activity　　どこが ちがいますか。

A

B

Aには 電話が ありますが、Bには ありません。

Aでは テレビの 上に 本が ありますが、Bでは テレビの 下に あります。

Listening Test

잘 듣고 그림의 내용과 일치하면 ◯, 그렇지 않으면 ×표 하세요.

1 電話は ピアノの 上に あります。

2 新聞は ベットの 上に あります。

3 ゴミ箱は ピアノと つくえの 間に あります。

4 ねこは ベットの 下に います。

5 スタンドは つくえの そばに あります。

6 ピアノの 上には なにも ありません。

Grammar Point... 알짜핵심문법

01   どこに ありますか。/ いますか。 어디에 있습니까?

「ある」… 사물이나 식물(움직이지 않는 것)　「いる」… 사람이나 동물(움직이는 것)의 존재.

- テーブルの上に ラジオが あります。　　테이블 위에 라디오가 있습니다.
- もりさんの となりに さとうさんが います。　　모리 씨 옆에 사토 씨가 있습니다.

02   위치를 나타내는 말

そば	곁, 옆	横(よこ)	옆	隣(となり)	옆, 이웃
前(まえ)	앞	後(うし)ろ	뒤	向(むか)い	맞은편
右(みぎ)	오른쪽	左(ひだり)	왼쪽	上(うえ)	위
下(した)	아래	間(あいだ)	사이	中(なか)	안
そと	밖	おく	구석		

03   なにと だれ

ある (사물)	なにが	ありますか	ありません	なにも ありません
いる (사람)	だれが	いますか	いません	だれも いません
いる (동물)	なにが	いますか	いません	なにも いません

04   なにか (무엇인가)와 だれか (누군가)

A : かばんの なかに なにか ありますか。　　가방 안에 뭔가 있어요?
B : はい、ほんが あります。　　네, 책이 있어요.
B : いいえ、なにも ありません。　　아뇨, 아무것도 없어요.

A : にわに だれか いますか。　　정원에 누군가 있어요?
B : ええ、さとうさんが います。　　네, 사토 씨가 있어요.
B : いいえ、だれも いません。　　아뇨, 아무도 없어요.

Drill & Check ...연습문제

1. 그림을 보고 다음 질문에 답하세요.

  ❶ ラジオは どこに ありますか。

   テーブルの 　　　　　　　に あります。

  ❷ 電話は どこに ありますか。

   テレビの 　　　　　　　に あります。

  ❸ キムさんは どこに いますか。

   ピアノの 　　　　　　　に います。

した　　　まえ　　　うしろ　　　うえ

2. 가방 안에 무엇이 있는지 모두 체크하세요.

けいたい	さいふ	くつした
ほん	ノート	カメラ
ハンカチ	写真	ふでばこ
ガム	はんこ	おかね

3. 다음 문장 중 틀린 곳이 있으면 바르게 고치세요.

  ❶ にわに きが います。

  ❷ キムさんは となりの へやに あります。

  ❸ つくえの うえへ とけいが あります。

  ❹ へやの なかに だれも ありません。

  ❺ 田村さんの となりに 鈴木さんが あります。

学校へ 行きます。

学교에 갑니다.

1. 学校へ 行きます。

2. いつも 何時に 起きますか。

3. 土曜日は 学校へ 行きません。

4. よく かいものしますか。

5. きのう 何時に ねましたか。

6. 誰も 来ませんでした。

Short Talk 1　いつも 何時に 起きますか。

A：いつも 何時に 起きますか。

B：6時半頃 起きます。

A：早いですね。私は 8時すぎに
　　起きます。

・おきる → おきます
・〜頃（ごろ）
・〜すぎ

연습　다음 동사를 ます형으로 바꾸어 말해보세요.

1. 学校へ（いく）→ いきます

2. ラジオを（きく）

3. うたを（うたう）

4. ジュースを（のむ）

5. ベンチに（すわる）

6. えいがを（みる）

7. あさごはんを（たべる）

8. べんきょう（する）

9. ともだちが（くる）

Short Talk 2　どこで 昼ごはんを 食べますか。

A：ふつう 何時に 学校へ 行きますか。

B：8時に 行きます。

A：どこで 昼ごはんを 食べますか。

B：学生食堂で 食べます。

・〜で 〜ます
・いつも=ふつう

연습　다음 문형을 이용하여, 묻고 대답해보세요.

A　：　何時に ＿＿＿＿＿ますか。

B　：　＿＿＿＿＿時に ＿＿＿＿＿ます。

1. 起きる

2. 学校へ 行く

3. ともだちに 会う

4. 昼ごはんを 食べる

5. 図書館で 勉強する

6. うちに 帰る

A：中村さん、毎日 学校へ 行きますか。

B：いいえ、水曜日と 土曜日は
　　行きません。

연습　동사의 부정문 「～ません」을 연습해보세요.

A：毎日 学校へ 行きますか。

B：いいえ、月曜日と 土曜日は 行きません。

1. 図書館へ 行く

2. ともだちに 会う

3. インターネットを する

4. ひげを そる

5. テレビを 見る

6. おさけを 飲む

Short Talk 4　よく 買い物 しますか。

A：井上さん、よく 買い物 しますか。

B：ええ、ときどき します。

A：外食も よく しますか。

B：いいえ、外食は ほとんど しません。

・よく　자주
・ほとんど　거의(+부정)

연습　빈도를 나타내는 표현을 익히고 다음과 같이 묻고 답하세요.

A　：よく 買い物(を) しますか。

B1：ええ(はい)、ときどき します。

B2：いいえ、あまり しません。

・時々(ときどき)　때때로
・たまに　가끔
・あまり　그다지
・ぜんぜん　전혀

1. せんたく

2. 料理

3. けんか

4. 旅行

5. そうじ

6. 外食

Short Talk 5　きのう 何時に ねましたか。

A：きのう 何時(なんじ)に ねましたか。

B：11時(じ)に ねました。井上さんは
　　ふつう 何時頃(なんじごろ) ねますか。

A：ふつうは 11時半頃(じはんごろ) ねますが、
　　きのうは おそく ねました。
　　1時半頃 ねました。

연습　짝에게 묻고 다음 일과표를 만들어보세요.

Q：きのう　　　　何時に　　　　起(お)きましたか。

　　　　　　　　　　　　　　　　学校へ 行(い)きましたか。

　　　　　　　　　　　　　　　　ひるごはんを 食(た)べましたか。

　　　　　　　　　　　　　　　　帰(かえ)りましたか。

　　　　　　　　　　　　　　　　ねましたか。

		기상	학교 가다	점심	귀가	취침
______ さん	ふつう					
	きのう					
______ さん	ふつう					
	きのう					
______ さん	ふつう					
	きのう					

Model Talk　予定と過去

よ てい　か こ

Model talk 1

A：たかはしさん、こんどの 休みは なにを しますか。

B：慶州へ 行きます。

A：ああ、いいですね。観光ですか。

B：ええ。

A：すずきさんも 行きますか。

B：いいえ、すずきさんは 行きません。
　　私 一人で 行きます。

Model talk 2

A：日曜日に どこか 行きましたか。

B：ええ、ひさしぶりに ともだちと いっしょに
　　デパートへ 行きました。

A：なにか 買いましたか。

B：ええ、くつと かばんを 買いました。
　　これです。

A：わあ、すてきですね。

B：さとうさんも どこか 行きましたか。

A：いいえ、どこへも 行きませんでした。一日中
　　家に いました。

단어

- 一人（ひとり）で 혼자서
- ひさしぶりに 오랜만에
- いっしょに 같이
- 一日中（いちにちじゅう） 하루종일

Class Activity 일기쓰기 : 밑줄친 부분을 과거형으로 고쳐보세요.

私の一日

朝6時に 起きます。それから 近くの 公園で ジョギングを します。

8時ごろ 朝ごはんを 食べます。

9時に 家を 出ます。学校まで バスで 行きます。

10時から 12時まで 図書館で 勉強します。

12時半に 友達と 学校の食堂で ひるごはんを 食べます。

2時から 授業が あります。

6時に 家に かえります。

8時に お風呂に 入ります。

それから ごはんを 食べます。

10時から 日本語の 勉強を します。

12時頃 ねます。

Listening Test

1. 듣고 써 넣으세요.

❶ きのう ＿＿＿＿＿＿へ ＿＿＿＿＿＿ましたか。

ええ、新村へ ＿＿＿＿＿＿ました。そこで ＿＿＿＿＿＿を ＿＿＿＿＿＿ました。

❷ いつも ＿＿＿＿＿＿に ＿＿＿＿＿＿ますか。

＿＿＿＿＿＿ごろに ＿＿＿＿＿＿ます。

❸ いつも 洗濯と 掃除は 誰がしますか。

＿＿＿＿＿＿が ＿＿＿＿＿＿ますが、時々 私も 手伝います。

❹ よく ＿＿＿＿＿＿を ＿＿＿＿＿＿ますか。

いいえ、あまり ＿＿＿＿＿＿ません。＿＿＿＿＿＿ですから。

2. 대화를 듣고 내용에 맞게 그림을 순서대로 나열하시오.

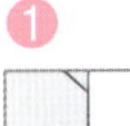     

단어

・家内（かない）아내　　・手伝（てつだ）う 돕다　　・学食（がくしょく）학생식당　　・夕飯（ゆうはん）저녁밥

01 学校へ 行きます(동사의 ます형)

규칙적으로 반복되는 습관이나, 자신의 의사, 가까운 미래 등을 나타낼 때 쓴다.

구분	ます형으로 바꾸는 법	동사예		
1류동사	어미 う단을 い단으로 바꾼 다음 ます를 붙인다. 어미가 る로 끝나지 않는 모든 동사와, る앞의 모음이 「i」「e」가 아닌 동사.	行(い)く	–	行(い)きます
		会(あ)う	–	会(あ)います
		待(ま)つ	–	待(ま)ちます
2류동사	어미 る를 떼고 ます를 붙인다. 「iる」나 「eる」 형 동사.	起(お)きる	–	起(お)きます
		食(た)べる	–	食(た)べます
3류동사	불규칙활용이므로 각 활용형을 외운다.	する	–	します
		来(く)る	–	きます

- 私は 毎朝6時に 起きます。　나는 매일 아침 6시에 일어납니다.　　　(규칙적인 습관)
- ぼくは コーヒーに します。　나는 커피로 하겠습니다.　　　(자신의 의사)
- 明日 プサンへ 行きます。　내일 부산에 갑니다.　　　(가까운 미래)

주의 단, 형태는 2류동사지만, 1류동사에 속하는 것이 있으므로 주의가 필요하다.

┌ 切(き)る　자르다　— きります　(1류)
└ 着(き)る　입다　— きます　(2류)

┌ 帰(かえ)る　돌아가다　— かえります　(1류)
└ 変(か)える　바꾸다　— かえます　(2류)

02 いつも 늘(빈도부사)

いつも는 "늘, 항상" 이란 뜻인데, 이런 말을 빈도부사라고 한다.

いつも	よく	ときどき	たまに	ほとんど	全然(ぜんぜん)
항상	자주	가끔, 때때로	이따금	거의	전혀

03 ～に / ～へ / ～で 자주 쓰는 조사

「に」… '～에'의 뜻으로 때를 나타낸다.

「へ」… '～로, ～쪽으로, ～에게' 등의 뜻으로 이동의 방향이나 목적지를 나타낸다.

「で」… '～에서'란 뜻으로 동작이 행해지는 장소를 나타낸다.

・4月 5日に	4월 5일에
・江戸時代に	에도시대에
・どうぞ こちらへ。	자 이쪽으로 오세요.
・来年 日本へ 行きます。	내년에 일본에 갑니다.
・としこさんへ。	토시코상에게.(편지에서)
・日本で 何を 勉強しましたか。	일본에서 무엇을 공부했습니까?

04 ～ました ～했습니다(동사의 과거표현)

	현재		과거	
긍정	ます	～합니다	ました	～했습니다
의문	ますか	～합니까	ましたか	～했습니까
부정	ません	～하지 않습니다	ませんでした	～하지 않았습니다

・何時に 起きましたか。	몇 시에 일어났습니까?
・7時に 起きました。	7시에 일어났습니다.

참고

・誰も	아무도	誰も 来ませんでした。	아무도 안 왔어요.
・何も	아무것도	何も 買いませんでした。	아무것도 안 샀어요.
・どこも	아무데도	どこ(へ)も 行きませんでした。	아무데도 안 갔어요.

1. 다음 빈칸을 채우세요.

		～ます	～ません	～ました	～ませんでした
1	買(か)う				
2	書(か)く				
3	話(はな)す				
4	待(ま)つ				
5	呼(よ)ぶ				
6	飲(の)む				
7	作(つく)る				
8	切(き)る				
9	帰(かえ)る				
10	食(た)べる				
11	起(お)きる				
12	寝(ね)る				
13	見(み)る				
14	着(き)る				
15	来(く)る				
16	する				

2. 알맞은 조사를 써넣으시오.　　　　から　に　が　で　を　へ　か

1 明日 友だち [　　] 会います。

2 今日 学校 [　　] 行きます。

3 いつも 何時 [　　] 起きますか。

4 学生食堂 [　　] お昼ごはんを 食べます。

5 図書館 [　　] 本 [　　] 読みます。

ドライブに　行きましょうか。

드라이브하러 갈까요?

1. ドライブに　行きましょうか。

2. どこで　会いましょうか。

3. なにか　食べたいですね。

4. お茶でも　飲みながら

Short Talk 1　ドライブに　行きましょうか。

A：いい天気ですね。

B：ええ。ほんとうに　いい天気ですね。

A：そうですね。ドライブに　行きましょ

　　うか。

B：ドライブですか。わあ、うれしい。

・～に　行く
・～ましょうか

연습　그림을 보면서 묻고 대답해보세요.

　　A：＿＿＿＿＿に　行きましょうか。

　　B：ええ、行きましょう。／ そうしましょう。

1

2

3

4

5

6

참고

・中華料理(ちゅうかりょうり)を 食(た)べる 중국요리를 먹다　　・かいもの 쇼핑

・食事(しょくじ) 식사　　・ドライブ 드라이브

・映画(えいが)を みる 영화를 보다　　・遊(あそ)ぶ 놀다

Short Talk 2　どこで 会いましょうか。

A：どこで 会いましょうか。
B：渋谷の ハチコウ前は どうですか。
A：ハチコウ前ですか。いいですよ。

연습　질문내용을 참고하여 장소와 시간 등을 정해보세요.

	A	B	C	D
どこで 会いましょうか。	デパート	みつこし	新宿駅南口	どこでも いいです。
いつ（何時に）会いましょうか。	おひるごろ	ごご2時ごろ	ごご5時	何時でも いいです。
おひるは なにを 食べましょうか。	ちゅうかそば	ハンバーガー	スパゲッティ	何でも いいです。
えいがは なにを 見ましょうか。	まほうのいし	アニメ	ともへ（チング）	何でも いいです。
なにを 飲みましょうか。	コーヒー	コーラ	こうちゃ	何でも いいです。

Short Talk 3　なにか 食^たべたいですね。

A : おなかが すきましたね。
　　何^{なに}か 食^たべたいですね。

B : そうですね。森^{もり}さんは 何^{なに}が
　　食^たべたいですか。

A : じゃ、そばでも 食べに 行きませんか。

B : それは いいですね。すぐ 行きましょう。

연습　A의 말에 적당한 표현을 골라 대답해보세요.

1. A : おなかが すきましたね。なにか 食べたいですね。
　 B : じゃ、

2. A : のどが かわきましたね。　なにか 飲みたいですね。
　 B : じゃ、

3. A : たいくつですね。なにか したいですね。
　 B : じゃ、

4. A : 足が いたいですね。ちょっと 休みたいです。
　 B : じゃ、

ⓐ ラーメンでも 食べに 行きませんか。　　ⓑ あそこで すこし 休みませんか。
ⓒ アイスコーヒーでも 飲みませんか。　　ⓓ 映画でも 見に 行きませんか。

Short Talk 4　お茶_{ちゃ}でも 飲_のみながら

A：お茶_{ちゃ}でも 飲_のみながら 少_{すこ}し
　　休_{やす}みましょうか。

B：賛成_{さんせい}!

A：どこに 入_{はい}りましょうか。

B：そうですね。
　　あの 喫茶店_{きっさてん}は どうですか。

・〜ながら

연습　다음 표현을 이용하여 위 대화처럼 자유롭게 묻고 대답해보세요.

1.　お茶・飲む + 休む → のみ**ながら**やすむ
　　A：お茶**でも**飲み**ながら**すこし休み**ませんか**。
　　B：

2.　ポップコーン・食べる+見る→
　　A：
　　B：

3.　ビデオ・見る+待_まつ→
　　A：
　　B：

4.　食事_{しょくじ}・する+話_{はな}す →
　　A：
　　B：

Model Talk

친구에게 영화를 보러 가자고 해보세요.

A：高橋さん、今週の 土曜日 ひまですか。

B：ええ、別に 予定は ありません。

A：じゃ、よかったら 映画 見に 行きませんか。

B：いいですね。

A：じゃ、どこで 会いましょうか。

B：カンナム駅の TPAレコードの 前は どうですか。

A：いいですよ。

B：じゃ、何時に 会いましょうか。私は 6時以降なら いつでも いいですが。

A：それじゃ、6時半で いいですか。

B：はい。じゃ、きまり。土曜日、6時半、 TPAレコードの 前ですね。

A：はい、それじゃ 土曜日に。

Class Activity

1 먼저 위 대화를 연습하고 나서, 밑줄 친 부분을 바꾸어 짝과 연습해보세요.

Listening Test

1. 잘 듣고 빈칸에 들어갈 말을 써넣으세요.

1 いい天気ですね。ドライブに(　　　　　　　　　)

2 デパートに(　　　　　　　　　)

3 何か つめたいものが (　　　　　)ですね。(　　　　)ありますか。

4 ラジオで(　　　　　　　　　　) 運転します。

5 アイス(　　　　　)でも (　　　　　　)やすみましょう。

2. 대화를 듣고 다음 질문에 답하시오.

1 二人は 今日 どこへ 行きますか。

2 何時に 会いますか。

3 どこで 会いますか。

단어

- 運転(うんてん)する 운전하다
- 今晩(こんばん) 오늘저녁
- ぜひ 꼭
- 出(で)る 나오다
- 正門(せいもん) 정문

Grammar Point... 알짜핵심문법

01　～に行く・～にくる ～하러 가다,～하러 오다

「に」앞에는 동사의 「ます형」이 온다. 「に」앞에 명사가 올 수도 있는데,이때 명사는 동작이나 행위를 나타내는 말(동작성 명사)가 온다.

- 新宿へ 買い物し**に**(買い物に) 行きます。　신주쿠에 쇼핑하러 갑니다.
- 友だちが 遊び**に** 来ます。　친구가 놀러 옵니다.
- アメリカへ 出張**に** 行きました。　미국에 출장 갔습니다.

02　～ませんか ～ましょうか ～ましょう 권유표현

보통 「～ませんか」(～하지 않으실래요?) 하고 물어본 다음, 「～ましょうか」(～할까요?) 하고 의지를 전하고, 「～ましょう」(～합시다) 하고 결정을 내리는 식으로 대화를 이끌어간다.

- よかったら 明日 映画でも 見に 行き**ませんか**。　괜찮으면 내일 영화 보러 안갈래요?
- いいですよ。なにを 見**ましょうか**。　좋아요. 뭘 볼까요?
- ～は どうですか。 / いいですよ。　～는 어때요?/ 좋아요.
- じゃ、行き**ましょう**。　그럼, 가요.

※「映画でも」의「でも」는 '～라도' 란 뜻의 조사이다.

03　何か 食べたいですね 뭔가 먹고 싶군요.

「～たい」는 '～하고 싶다' 는 뜻으로, 희망이나 의지를 나타내는 조동사이다. 모양이 い형용사처럼 생겼으므로 い형용사식으로 활용한다. 「～たい」앞에는 조사 「が」가 오는 것이 원칙이지만, 경우에 따라서는 「を」를 쓰기도 한다.

行く	行きます	→	行きたいです	→	行きたくないです
食べる	食べます	→	食べたいです	→	食べたくないです
する	します	→	したいです	→	したくないです
くる	きます	→	きたいです	→	きたくないです

- 何が 食べたいですか。　　　　뭘 먹고 싶어요?
- ラーメンが 食べたいです。　　라면이 먹고 싶어요.

주의
- 彼女に 会いたいです。　　　　그녀를 만나고 싶어요.(※〜に 会う: 〜를 만나다)
- 日本語を 教えたいです。　　　일본어를 가르치고 싶어요.(「が」보다 「を」가 자연스러운 경우)

04　〜ながら 〜하면서

「(동사의 ます형)+ながら」는 '〜하면서'의 뜻으로 두 개의 다른 행동이 동시에 진행되는 것을 표현한다. 보통 뒤에 오는 동사가 주된 동작이다.

- 新聞を読む+ごはんを 食べる　→ 新聞を 読みながら ごはんを 食べる

  신문을 읽다+밥을 먹다　　　　→ 신문을 읽으면서 밥을 먹다
- 音楽を聞く+手紙を書く　　　→ 音楽を聞きながら 手紙を書く

  음악을 듣다+편지를 쓰다　　　→ 음악을 들으면서 편지를 쓰다

※ 주의해야 할 주요조사 - 다음 괄호에 들어갈 조사를 써넣어보세요.

1. 2時(　　) えきの まえ(　　) ともだち(　　) 会いました。
2. よかったら 私(　　) いっしょに 映画(　　) 見(　　) 行きませんか。
3. すずきさんは 英語(　　) とても 上手です。
4. 私は やさしい 人(　　) 好きです。
5. 日本(　　)映画(　　) 見たいです。

정답
1. に, で, に
2. と, でも(を), に
3. が
4. が
5. の, が

1. 다음 동사를 예와 같이 바꾸세요.

	ませんか	ましょうか	ましょう
① 行(い)く			
② 座(すわ)る			
③ 帰(かえ)る			
④ 走(はし)る			
⑤ 食(た)べる			

2. 문장을 읽고, 적절한 표현을 골라 서로 연결해보세요.

1 おなかが すきました。　　　　　　　　a. なにか 飲みたいですね。

2 のどが かわきました。　　　　　　　　b. 少し休みたいです。

3 つかれました。　　　　　　　　　　　c. そうですか。わたしも 見たいです。

4 足が 痛いです。　　　　　　　　　　　d. 新しいのを 買いたいです。

5 ラジオが 故障(こしょう)しました。　　　　e. ちょっと 座りたいです。

6 あの映画は とても おもしろかったです。　f. なにか 食べたいですね。

3. 그림을 보고 ながら를 이용하여 말해보세요.

1 メモを とる
電話する

2 歩(ある)く
話(はな)す

3 音楽をきく
勉強する

4 新聞を 読む
朝(あさ)ごはんを食べる

부록

Unit 1 p.26

1. 잘 듣고 해당하는 단어를 고르세요.

1) きんか
2) ゴーゴー
3) ちゅうしん
4) ベンチ
5) きょうかい
6) びょういん
7) じゆう
8) おっと
9) がか
10) おじさん
11) ビル
12) つうしん

답 1) ①　2) ②　3) ①　4) ②
　5) ①　6) ②　7) ②　8) ②
　9) ①　10) ①　11) ①　12) ①

2. 잘 듣고 들리는 대로 고르세요.

1) ノート　2) コピー　3) パン

답 1) ①　2) ①　3) ②

3. 잘 듣고 받아쓰세요.

1) シーソー
2) タクシー
3) ビデオ
4) オアシス
5) クレヨン
6) アイロン

Unit 2 p.38

1. 잘 듣고 적절한 대답을 고르세요.

1) A : おはようございます。
　 B : (おはよう。)
2) A : いってきます。
　 B : (いってらっしゃい。)
3) A : どうぞ。
　 B : (あ、どうも。)
4) A : あっ、すみません。
　 B : (だいじょうぶです。)
5) A : ありがとうございます。
　 B : (どういたしまして。)

답 1) ③　2) ④　3) ①　4) ②　5) ③

2. 잘 듣고 대화내용과 맞는 그림을 고르세요.

1. A : おやすみなさい。
　 B : おやすみ。
2. A : どうぞ。
　 B : すみませんね。
3. A : (コンコン)しつれいします。
　 B : どうぞ。
4. A : じゃ、また あした。
　 B : では また。

답 1) a　2) c　3) b　4) d

Unit 3 p.47

1. 잘 듣고 적당한 대답을 고르세요.

1) A:すずきさん、これ なんですか。
2) A:すみません、えきは どちらですか。

답 1) ③　2) ②

2. 잘 듣고 대화의 내용과 어울리는 그림을 골라 기호를 쓰세요.

1) A : ここはなんですか。
　 B : 学科の事務室です。
　 A : あ そうですか。

2) A：きむらさんは　どこですか。

B：食堂です。

3) A：それは　めがねですか。

B：いいえ、めがねじゃありません。サン

グラスです。

답　1) e　　2) c　　3) a

3. 잘 듣고 빈칸에 들어갈 글자를 써넣으세요.

1) きょうしつ

2) えんぴつ

3) めざましどけい

4) ゆうびんきょく

답　1) う　　2) ぴ　　3) ざ　　4) び

Unit 4 p.59

1. 잘 듣고 빈칸에 들어갈 숫자를 써넣으세요.

1) 02の568の1513

2) 03の5435の3790

3) 031の856の7696

4) 072の649の2729

답　1) 6,3　　2) 4,7　　3) 8,6　　4) 2,4,9

2. 잘 듣고 대화에 나오는 사람의 이름에 체크한 다음, 네모 안에 직업을 써 넣으세요.

1) A：はじめまして。キムです。

B：はじめまして。たむらです。

A：どうぞ　よろしく　お願いします。

B：こちらこそ　どうぞ　よろしく　お願いし

ます。

A：失礼ですが、たむらさんは　学生さんで

すか。

B：いいえ、会社員です。キムさんは。

A：わたしは　大学生です。

답　女　キム / 大学生

男　たむら / 会社員

2) A：はじめまして。ジョンソンです。どう

ぞ　よろしく　お願いします。

B：はじめまして。リーです。こちらこそ

どうぞ　よろしく。

A：リーさんは　大学生ですか。

B：いいえ、わたしは　高校生です。

A：あ、そうですか。

B：ジョンソンさんは。

A：わたしは　英語の教師です。

답　男　ジョンソン / 英語の教師

女　リー / 高校生

Unit 5 p.72

1. 잘 듣고 질문에 답하세요.

わたしの　なまえは　なかむらとしこです。

わたしの　家族は　両親と　あにと　いもうと　と

わたしの　5人です。ちちは　会社員で、ははは

主婦です。あには　22さいで、エンジニアです。

いもうとは　16さいです。高校2年生です。わ

たしは　はたちで、大学3年です。

답 1) 20歳(はたち)　2) 22歳　3) 16歳
　　4) 3人兄弟の2番目　5) 5人家族

2. 대화를 듣고 빈칸을 채우세요.

A：これは だれですか。

B：わたしの おとうとです。

A：おとうとさんは 大学生ですか。

B：いいえ、大学生じゃありません。高校生です。

답 ① a　② f　③ g　④ l　⑤ k

3. 잘 듣고 해당하는 내용의 그림을 골라 기호를 쓰세요.

1) A：おにいさんは 大学生ですか。

　 B：はい、大学2年です。

2) A：いもうとさんは 会社員ですか。

　 B：いいえ、スチュワーデスです。

3) A：しつれいですが、おしごとは。

　 B：英語の教師です。

답 1) b　2) c　3) a

Unit 6 p.82

1. 잘 듣고 해당하는 시계를 골라 그 기호를 쓰세요.

1) A：すみません。今 何時ですか。

　 B：5時8分です。

2) A：あのう、コンサートは 何時からですか。

　 B：3時からです。

3) A：あしたのテストは 何時からですか。

B：7時50分からです。

4) A：日本語の 授業は 何時からですか。

　 B：9時45分からです。

5) A：あのう、今何時ですか。

　 B：えっと、5時半ですけど。

답 1. e　2. a　3. c　4. d　5. b

2. 잘 듣고 해당하는 달력을 찾아 기호를 쓰세요.

1) A：キムさん、お誕生日はいつですか。

　 B：私の誕生日ですか。9月10日ですよ。

2) A：期末テストは いつからですか。

　 B：今週の水曜日ですから、7月8日ですね。

3) A：すずきさん、アメリカの研修はいつからですか。

　 B：11月24日(にじゅうよっか)です。

4) A：修学 旅行は 4月 何日からですか。

　 B：8日(ようか)からですね。

5) A：あした わたしの 誕生日です。

　 B：ええ、あしたですか。おめでとうございます。

　 A：ところで すずきさんの 誕生日は いつですか。

　 B：12月4日です。

답 1. d　2. a　3. e　4. c　5. b

Unit 7 p.93

▶ 잘 듣고 내용에 해당하는 그림을 골라 체

크하세요.

1. このジュース つめたいですね。

2. このキムチは からいですね。

3. 日本語は やさしいですね。

4. よしこさんは きれいですね。

5. この店の カレーライスは おいしいですよ。

6. この公園は 静かです。

7. 私は チョコレートが 好きです。

8. キムさんは 英語が 上手です。

답 1. a   2. a   3. b   4. a
　　5. a   6. b   7. a   8. a

Unit 8 p.105

1. 문구점에서 구입한 것을 고르세요.

A : いらっしゃいませ。

B : すみません。レポート用紙ありますか。

A : はい、ありますよ。

B : 一冊ください。それから けしゴムも ひとつ ください。

A : はい、少々お待ちください。全部で 350円です。

답 a

2. 야채가게에서 구입한 것을 고르고 합계금액을 쓰세요.

A : いらっしゃいませ。

B : すみません。ねぎと じゃがいも ください。

A : ねぎと じゃがいもですね。はい。どうぞ。

B : 全部で いくらですか。

A : 450です。

답 c(450円)

3. 잘 듣고 해당하는 금액을 써 넣으세요.

① A : すみません。このTシャツは いくらですか。

　　B : 1980円です。

② A : あのう、このデジタルカメラは いくらですか。

　　B : これですか。32,000円です。

③ A : ちょっと すみません。日本語のじしょ ありますか。

　　B : はい。(すこししてから) どうぞ。

　　A : いくらですか。

　　B : 5,600円になります。

④ A : あのう、くろいボールペンありますか。

　　B : はい。380円です。

⑤ A : めざましどけいは いくらですか。

　　B : うんと これは 4,500円です。

⑥ A : この ベルト いくらですか。

　　B : 5000円です。

　　A : じゃ、あの かばんは いくらですか。

　　B : あれは 8,000円です。

답 ① 1,980円　② 32,000円　③ 5,600円
　　④ 380円　　⑤ 4,500円　⑥ 8,000円

Unit 9 p.117

잘 듣고 그려보세요.

ひだりは 女の子で みぎは 男の子です。女の子は 顔が まるいです。目は 大きくて 口は 小さいです。せが 高くて やせています。それから かみは みじかいです。

男の子は 顔が ほそながいです。目は ほそいです。せは あまり 高くなくて ふとっています。かみは とても 長いです。

Unit 10 p.128

1) 電話は ピアノの 上にあります。
2) 新聞は ベットの 上に あります。
3) ゴミ箱はピアノと つくえの 間に あります。
4) ねこは ベットの 下に あります。
5) スタンドは つくえの そばに あります。
6) ピアノの 上には なにも ありません。

답 1) ×　　　2) ○　　　3) ○
　　4) ×　　　5) ×　　　6) ○

Unit 11 p.139

1. 듣고 써 넣으세요.

1) A : 昨日どこかへ行きましたか。
　　B : ええ 新村へ 行きました。
　　　　そこで 映画を 見ました。
2) A : いつも 何時に 起きますか。
　　B : 7時ごろに 起きます。
3) A : いつも 洗濯と 掃除は 誰がしますか。
　　B : 家内(かない)が しますが、時々 わたしも 手伝います。
4) A : よく 歌を 歌いますか。
　　B : いいえ、あまり 歌いません。下手ですから。

답 1) どこか / 行(い)き / 行き / 映画(えいが) / 見(み)
　　2) 何時(なんじ) / 起(お)き / 7時 / 起き
　　3) 家内(かない) / し
　　4) 歌(うた) / 歌い / 歌い / 下手(へた)

2. 대화를 듣고 내용에 맞게 그림을 순서대로 나열하시오.

A : 鈴木さん いつも 土曜日は 何をしますか。

B : そうですね。土曜日は 12時まで 授業が あります。それから 友だちと 昼ご飯を 食べます。

A : 昼は ふつう どこで 食べますか。

B : 学食(がくしょく)ですね。2時からは サークル活動が あります。

A : 何時までですか。

B : 6時には 終わります。8時頃 うちに 帰ります。それから お風呂に はいります。9

時頃 夕飯を 食べます。

A：何時に ねますか。

B：11時頃 寝ます。

 ❹─❶─❺─❷─❸─❻─❼

Unit 12 p.149

1. 잘 듣고 빈칸에 들어갈 말을 써넣으세요.

1) いい天気ですね。ドライブに（ 行きましょうか。 ）

2) デパートに（ 買い物に 行きませんか。 ）

3) 何かつめたい ものが（ 飲みたい ）ですね。
（ コーラ ）ありますか。

4) ラジオで（ ニュースを 聞きながら ）運転します。

5) アイス（ コーヒー ）でも（ 飲みながら ）やすみましょう。

2. 대화를 듣고 다음 질문에 답하세요.

A：たなかさん おはようございます。

B：あ、おはようございます。

A：きょうは いい 天気ですね。

B：そうですね。

A：ところで こんばん チョスミの コンサートが ありますけど、よかったら いっしょに 行きませんか。

B：わあ、いいですね。何時からですか。

A：6時からです。

B：じゃあ だいじょうぶです。ぜひ 行きたい

です。

A：じゃ 5時ごろ 出(で)ますので、会社の 正門で 5時に 会いましょう。

B：はい、じゃ 5時に 正門で。

 1) チョスミの コンサートに 行きます。

2) 5時に 会います。

3) 会社の 正門で 会います。

드릴정답

Unit 2 p.36

① おはようございます。

② じゃ、また あした。 / では また。

③ ただいま。

④ おやすみなさい。

⑤ いただきます。

　ごちそうさま。 / ごちそうさまでした。

⑥ こんばんは。

⑦ すみません。

⑧ ありがとうございました。

⑨ しつれいします。

⑩ しつれいします。

⑪ どうぞ。

⑫ どうぞ。

⑬ すみません。

⑭ あっ、すみません。

⑮ どうも ありがとうございます。

⑯ (あのう)すみません。/ちょっとすみません。

Unit 3 p.50

1. 1) それは ケイタイですか。

　2) これは ボールペンじゃありません。

　3) ここも にほんがっかの きょうしつですか。

　4) あれは だれの かばんですか。

2. あれ　　だれ　　も
　　は　　　の　　　ありません
　　の

Unit 4 p.62

1. 1) c　　2) b　　3) d/a　　4) a/d

2. 1) d　　2) c　　3) b　　4) a

3. 1) あのう、しつれいですが、 Jプラスの キ
　　ム ユンジンさんですか。

　2) はじめまして。わたしは、やまもとと
　　もうします。

　3) しつれいですが、おすまいは どちらで
　　すか。

　4) しつれいですが、おなまえは?

　5) わたしの ケイタイの ばんごうは 011−
　　765−8460(ゼロいちいちの ななろくご
　　の はちよんろくゼロ)です。

Unit 5 p.74

1. 1) 5人家族　　　2) 4人　　　3) 3人兄弟

2. 자신의 정보를 말하기.

예)　わたしは (　　)人家族です。

　　わたしは (　　)人兄弟の (　　)番目です。

　　ちちは (　　)歳です。

　　わたしは (　　)歳です。

3. 1) 私は 韓国人で、吉田さんは 日本人です。

　2) これは 日本の 新聞で、あれは 韓国の
　　新聞です。

　3) 姉は 27歳で、高校の 数学の 教師です。

Unit 6 p.84

1. 1) しちじ　ごじゅっぷんです。
   2) はちじ　さんじゅっぷんです。／　はちじ
      はんです。
   3) じゅういちじじゅうごふんです。
2. 1) 木曜日です。
   2) 4月5日です。
   3) 日曜日です。
   4) 12日です。
   5) 13日です。
3. 1) 12日から　14日までです。／（月曜日から
      水曜日までです。）
   2) 木曜日の　6時からです。
   3) 5時から　9時までです。
   4) 金曜日の　5時30分です。

Unit 7 p.96

1. 1) おいしくないです。（おいしくありません）
   2) やさしくないです。（やさしくありませ
      ん）
   3) よくないです。（よくありません）
   4) きれいじゃないです。（きれいじゃない
      です）
   5) きらいじゃないです。（きらいじゃない
      です）
2. ① ふたつ　② よっつ　③ ななつ
   ④ やっつ　⑤ とお

3. 1) e　2) a / g　3) g　4) d

Unit 8 p.108

1. 1) 50,000(ごまん)えん
   2) 24,000(にまんよんせん)えん
   3) 25(にじゅうご)ドル
2. 1) やさしい　　　　　2) ちいさい
   3) ひくい　　　　　　4) きれいな
3. 1) アイスクリーム　みっつと　ジュース　い
      っぽん　ください。
   2) 50えんの　きって　ろくまいと　100えん
      の　きって　さんまい　ください。
   3) ビール　よんほんと　ジュース　いっぽん
      ください。

Unit 9 p.120

1. 1) おもしろかったです。／　つまらなかった
      です。
   2) よかったです。
   3) むずかしかったです。／　やさしかったで
      す。／　たいへんだったです。
   4) たいへんでした。／　たいへんだったです。
      ／　つまらなかったです。
   5) おもしろかったです。／　よかったです。
      ／　つまらなかったです。／　たいへんだっ
      たです。
2. 1) どちら　2) いつ　3) なに　4) なに
   5) だれ

Unit 10 p.130

1. 1) 下　　2) よこ(となり)

　 3) まえ

2. 

　 けいたい　　さいふ　　くつした

　 ほん　　　　ノート　　カメラ

　 ハンカチ　　写真(しゃしん)　　ふでばこ

　 ガム　　　　はんこ　　おかね

3. 1) います→あります

　 2) あります→います

　 3) うえへ→うえに

　 4) ありません→いません

　 5) あります→います

Unit 11 p.142

1.

1. かいます　　　　　かいません
　 かいました　　　　かいませんでした

2. かきます　　　　　かきません
　 かきました　　　　かきませんでした

3. はなします　　　　はなしません
　 はなしました　　　　はなしませんでした

4. まちます　　　　　まちません
　 まちました　　　　まちませんでした

5. よびます　　　　　よびません
　 よびました　　　　よびませんでした

6. のみます　　　　　のみません
　 のみました　　　　のみませんでした

7. つくります　　　　つくりません
　 つくりました　　　　つくりませんでした

8. きります　　　　　きりません
　 きりました　　　　きりませんでした

9. かえります　　　　かえりません
　 かえりました　　　　かえりませんでした

10. たべます　　　　　たべません
　 たべました　　　　たべませんでした

11. おきます　　　　　おきません
　 おきました　　　　おきませんでした

12. ねます　　　　　　ねません
　 ねました　　　　　ねませんでした

13. みます　　　　　　みません
　 みました　　　　　みませんでした

14. きます　　　　　　きません
　 きました　　　　　きませんでした

15. きます　　　　　　きません
　 きました　　　　　きませんでした

16. します　　　　　　しません
　 しました　　　　　しませんでした

2. 1) に

　 2) へ

　 3) に

　 4) で

　 5) で/を

Unit 12 p.152

1. 1) いきませんか

     いきましょうか

     いきましょう

   2) すわりませんか

     すわりましょうか

     すわりましょう

   3) かえりませんか

     かえりましょうか

     かえりましょう

   4) はしりませんか

     はしりましょうか

     はしりましょう

   5) たべませんか

     たべましょうか

     たべましょう

2. 1) f

   2) a

   3) b(e)

   4) e(b)

   5) d

   6) c

3. 1) メモを とりながら 電話する

   2) 歩(ある)きながら 話(はな)す

   3) 音楽を ききながら 勉強する

   4) 新聞を 読みながら 朝ごはんを 食べる

Unit 3

1. の

の의 대표적인 뜻은 '~의'란 뜻입니다. 일본어에서는 이 명사와 명사 사이에 들어가는 「の」가 한국어의 '~의'처럼 생략되지 않고, 복합어가 아닐 경우는 꼭 들어간다.

① 日本大学　　　　　　　니혼대학(고유명사로 약칭은 日大-にちだい)

② 日本の大学　　　　　　일본의 대학(일본에 있는 대학-소재를 나타냄)

③ 日本語の先生　　　　　일본어 선생님(내용, 성질)

④ 韓国語先生(×)　　　　틀린 표현

또, 貿易会社(ぼうえきがいしゃ), 韓日辞典(かんにちじてん) 처럼 복합어인 경우에는 の가 들어가지 않는다.

★「の」의 대표적인 기능

① 学校の本　　　　　학교 책　　　　〈소유〉

② 日本語の本　　　　일본어 책　　　〈내용, 성질〉

③ Jプラスの キムさん　J+의 김○○씨　〈소속〉

④ 韓国のソウル　　　한국의 서울　　〈소재〉

⑤ 先輩の森さん　　　선배인 모리 씨　〈동격〉

⑥ 日本の　　　　　　일본 것　　　　〈형식명사〉

2. 조사 は와　が

「これが何ですか」(이게 뭐예요?) 「ここがどこですか」(여기가 어디예요?)는 한국어식 일어로, 의문사 앞에서는 조사 「が」가 아니라 「は」를 쓰는 것이 기본이다.

・ここは どこですか。　　　　　여기가 어디예요?

・先生のかばんは どれですか。　선생님 가방은 어느거예요?

Unit 4

1. 처음 만났을 때

처음 만났을 때는 아이들이나 성인 모두 가장 일반적으로 많이 쓰는 표현이 「はじめまして。きむらです。」 또는 「はじめまして。きむらともうします。」

이다. 일본인의 이름은 木村 拓也(기무라타쿠야)처럼 대개 성이 두 글자, 이름이 두 글자인 경우가 많은데, 보통 자신을 소개할 때도 이름을 끝까지 말하지 않고, 성만 말하는 경우가 많다. 일본에서는 성씨만 10만개가 넘을 정도로 다양해서 성씨만으로도 어느 정도 분별력이 생기기 때문에 사회생활에서는 성만 쓰는 보통이다. 한국인의 경우는 김, 이, 박, 최 등 몇몇 성씨가 차지하는 비율이 많아 그냥 "김입니다"라고 해서는 구분이 되지 않으므로 보통 "김○○입니다 " 처럼 이름을 모두 말하는 것이 일반적이라고 할 수 있다.

2. 주어의 생략

한국어와 마찬가지로 주어가 꼭 필요하지 않기 때문에, 「はじめまして。わたしは きむらです。」 대신 「はじめまして。きむらです。」처럼 주어를 넣지 않아도 되고, 안 넣는 것이 더 자연스럽다.

3. 先生와 教師

일본어의 「先生(せんせい)」는 경어의 뜻이 들어 있으므로, 자신을 가리켜서 「わたしは 日本語の先生です。」라고는 하지 않고, 「日本語の教師です。」와 같이 말해야 한다. 하지만, 최근에는 하나의 직업명으로 인식되어 굳이 구별을 하지 않고 쓰기도 하고, 또, 직접적인 단어보다는 「日本語を教えています。」와 같이 말하는 방법도 있다.

4. Short Talk 3

출신지나 고향을 물을 때, 「お国はどちらですか」라고도 하는데, 이 표현은 약간 옛스러운 말투다. 보통 「(ご)出身はどちらですか」 나 「出身(地)はどちらですか」를 쓴다. 하지만, 옛날 동요 등에는 「おくには どこですか」와 같은 가사가 들어있기도 하므로, 표현의 차이를 익혀두는 것이 좋겠다.

참고단어

출신지 － 中国 / 日本 / アメリカ / 韓国の釜山(プサン) / 仁川(インチョン)/ 済州(チェジュド) / 全州(チョンジュ)/大邱(テグ)

회사 － IBM / NHK / 清水建設 / 現代自動車 / 住宅銀行

학교 － 渋谷大学 / ソウル女子大 / ～高校 / ～女子高校 / 中学校

사는 곳－仁寺洞 / 汝矣島 / 麻浦 / 一山 / ブンダン

5. 전화번호	「─」는 「の」로 읽지만, 경우에 따라서는 「02、706、1485」처럼, 사이를 띄워서 숫자만 말하기도 한다.
6. はい、そうです	「はい」「いいえ」만으로도 충분하지만, 좀더 확실한 의사를 나타내는 표현입니다. 「はい、そうです」의 반대표현은 「いいえ、そうじゃありません」보다는 「いいえ、ちがいます」를 많이 쓰는 편이다. 또한 완곡한 표현으로 「はい、そうですが」(네, 그런데요), 「いいえ、ちがいますけど」(아뇨, 아닌데요)와 같은 표현도 쓸 수 있다.
7. 「お名前」와「ご出身」	명사 앞에 「お」 또는 「ご」를 붙여서 상대방에게 속하는 것을 높여 말하는 형식이다. 고유어 앞에는 「お」를, 한자어 앞에는 「ご」를 붙이는 것이 원칙이지만, 예외도 많다. ・お : おつとめ, お話(はなし), お国(くに) ・ご : ご住所(じゅうしょ) ご自宅(じたく), ご結婚(けっこん) ・예외 : お電話(でんわ), お誕生日(たんじょうび), お食事(しょくじ), お時間(じかん)
8. 모델토크에서	본인이 아닌 경우의 대화. C: いいえ、ちがいますけど。 A: あっ、どうも 失礼しました。 A: あのう、失礼ですが、木村さんでしょうか。

Unit 5

1. 何人家族ですか。	가족이 몇 명입니까?/ "형제가 어떻게 됩니까?"는 何人兄弟ですか。 가족 수나 형제 수를 묻는 표현입니다. 「家族は何人ですか」「兄弟は何人ですか」라고도 할 수 있는데, 이때는 자신을 포함한 건지 아닌지 약간 애매해질 수가 있으므로, 명확하게 전달하기 위해 「全部で〜人です」(단, 3명이상일 때)와 같이 대답하기도 합니다.

2. これは だれですか。

사진을 보면서 말할 때만 쓰는 말이다. 보통은 「このかたは だれですか/ このかたは どなたですか」라고 한다.

3. 「4人」

숫자를 표시할 때, 대개 가로쓰기(横書き)에서는 아라비아숫자로, 세로쓰기(縦書き)에서는 한자로 표시한다.

4. おいくつですか。

나이를 묻는 표현으로, 상대방에게 직접 물을 때나 높여서 말해야 할 때, 쓰는 정중한 말이다. 「なんさいですか」는 말하는 사람과 직접 관계가 없는 사람의 나이를 물어볼 때 쓸 수 있다.

5. 何年生まれですか。

몇년생입니까? 한국은 만으로 몇 살이라고 할 때도 있으므로 몇년생이냐고 물으면 나이에 오해가 생기지는 않을 것이다. 여기에 대한 대답은 「〜年生まれです。」라고 한다. 「何年生(なんねんせい)ですか」라고 읽으면 '몇학년이에요?' 란 뜻이 되므로 주의가 필요하다. 또, 나이를 말할 때는 25歳라고도 하지만, 「25です」 처럼 숫자만 말하기도 하는데, 이것은 한국어의 "스무세살입니다"를 "스물셋입니다"라고 말하는 것과 같다. 한국은 2003년 처럼 연도를 말하지만, 일본은 연호를 쓰기 때문에 2003년을 平成(へいせい) 15年이라고도 한다.

6. 나이에 관한 표현

かぞえで　　　　　세는 나이로(한국 나이로)　まんで　　　　　　만으로
30そこそこ　　　　서른 될까말까한 나이
年上(としうえ) 연상 / 年下(としした) 연하

7. 가족 호칭법

자신의 가족을 남에게 이야기할 때와, 상대방의 가족을 부를 때의 차이를 명확하게 알고 있어야 한다. 그리고, 형제에 대해 말할 때 2명일 경우에는 「上(うえ)の: 큰, 下(した)の: 작은」와 같이 표현하고, 3명이상일 경우에는 「一番上の, 2番目の, 3番目の, 一番下の, まんなかの」와 같이 표현한다.
예)막내고모 : 一番下のおば(さん)

또, 형용사에서 배우는 「おおきい」(큰) 「ちいさい」(작은)를 '큰언니, 작은 언니'라고 할 때 잘못 쓰는 경우가 많으므로, 주의해야 한다.

예)큰 애 上の子 작은 애 下の子 / おおきい 子(몸집이 큰 아이) ちいさい 子(키나 나이가 어린 아이)

추가표현) 고모 – (ちちかたの)おば – おばさん

　　　　　 이모 – (ははかたの)おば – おばさん

　　　　　 조카 – おい(남자) – おいごさん

　　　　　　　 – めい(여자) – めいごさん

父方(ちちかた) : 친가쪽 / 母方(ははかた) : 외가쪽

8.と(조사)

〜と　〜와, 과

조사 "〜と"는 우리말의 "〜와/과"에 해당하는 조사이다.

• AとB　A와 B

• 韓国と 日本　　　　　한국과 일본

• あなたと わたし　　　당신과 나

*「〜と もうします」(〜라고 합니다)에서는 '〜라고'의 뜻이다.

Unit 6

1. 추가표현

계절에 관한 말

春(はる) / 夏(なつ) / 秋(あき) / 冬(ふゆ) 를 이용하여 다음과 같이 문형과 월을 연습해봅시다.

A: はるは いつから いつまでですか?

B: 3月から 5月までです。

2. 공휴일

일본의 국경일은 천황의 생일을 기념하여 공휴일로 만든 것이 들어 있다는 것이 특징이다. 또한 한국에서는 어버이날이 있지만, 일본을 미국식으로 5월 두 번째 일요일은 엄마의 날, 6월 두 번째 일요일은 아버지의 날로 지키

고 있습니다. 가장 큰 차이는 일본은 양력으로, 한국은 생일이나 세시풍속은 음력으로 지킨다는 것. 또, 일본에서도 크리스마스 특수가 있을 정도로 즐기지만, 공휴일은 아니므로 이 날도 출근을 해야 한다. 기독교 인구도 1%도 되지 않으므로 종교행사라기 보다는 발렌타인데이나 화이트데이처럼 하나의 축제로서 연말에 연인들이 즐거운 한때를 지내고 가정에서는 크리스마스케익을 먹는 날이기도 하다.

Unit 7

1. 때와 식사에 관한 말

아침 朝(あさ) : 朝ご飯(あさごはん), 朝飯(あさはん), 朝食(ちょうしょく)

점심 昼(ひる) : お昼(ひる), お昼ご飯(おひるごはん), 昼食(ちゅうしょく)

저녁 晩(ばん) : 晩ご飯(ばんごはん), 夕ご飯(ゆうごはん), 夕食(ゆうしょく)

2. お願いします

・もう一度 お願いします。　　　한번 더 부탁합니다.

・もうすこし ゆっくり お願いします。　　좀더 천천히 부탁합니다.

3. 기본형과 사전형

사전형은 그야말로 사전에 나오는 형태를 말하는 것이고, 기본형은 부정과 과거형을 모두 포함한 개념이다. 이 책에서는 イ형용사의 기본형은 「～い」, ナ형용사의 기본형은 「사전형+だ」로 간주하여 설명하고 있다.

	사전형	기본형(긍정)	기본형(부정)	명사수식형
おいしい	おいしい	おいしい	おいしくない	おいしい
きれいだ	きれい	きれいだ	きれいじゃない	きれいな

イ형용사 주의점

① イ형용사는 기본형 모양 그대로 뒤의 명사를 꾸밀 수 있다.

② ～くないです와 ～くありません은 같은 말이지만, 회화에서는 「～くないです」를 많이 쓴다.

③ 「いい」는 부정이나 과거로 활용할 때는 「よい」로 활용한다는 것도 꼭 기억하자.

4.~くないです	「~くないです」와 「~くありません」은 같은 말이지만, 회화에서는 「~くないです」를 더 많이 쓴다.
5. ナ형용사	보통 학교문법에서는 형용동사라고 하는데, 명사를 꾸밀 때 「~な」형으로 꾸미는 활용상의 특징때문에 「ナ형용사」라고도 부른다. ナ형용사 주의점 ① 명사를 꾸밀 때는 기본형 끝의 「だ」를 「な」로 바꾸어 준다. ② 기본형 「~だ」는 반말투이고, 「~です」는 정중한 말투이다. ③ 부정은 「~です」를 「~じゃありません」으로 바꾸면 되는데, 명사의 부정과 형태가 같다. 또, 회화에서는 「~じゃないです」도 많이 쓴다. ④ 주의할 것은 「きれいだ」나 「きらいだ」는 형태가 イ형용사와 비슷하여 「きれい ひと」「きれくない」 등 イ형용사식으로 잘못 쓰는 경우가 많다는 것, 또 ナ형용사는 사전에는 어간만(だ나 な가 없는 형태)나와 있다는 것이다. (예 きれい, きらい, 上手, …)
6. 조사 「が」가 오는 말	그 대상을 나타내는 명사 뒤에 조사 「を」가 아니라 「が」를 취하는 말.

- すきだ　　　　　　좋아하다　　　・きらいだ　　싫어하다
- 上手(じょうず)だ　잘하다　　　　・下手(へた)だ　못하다
- いやだ　　　　　　싫다　　　　　・とくいだ　　잘하다
- にがてだ　　　　　잘 못하다

(주의) '잘 한다'에 해당하는 말은 「上手」이고, 「よくする」는 자주 한다는 뜻이다. 그리고, 「~が 上手です」와 같은 표현은 객관적인 판단을 나타내므로, 「わたしは テニスが 上手です」(저는 테니스를 잘해요)라는 표현은 잘 하지 않고, 대신 得意(주관적인 판단)를 써서 「わたしは テニスが 得意です」(테니스는 좀 합니다 정도의 뉘앙스)라고 하는 것이 자연스럽다.

7. でも	하지만, 그래도. 같은 말인 「しかし」는 딱딱한 느낌이 있어서, 일상회화에서는 「でも」를 많이 쓴다.

***중간테스트	틀린곳이 있으면 고치시오.

1. 歌を よく しますか。

　いいえ、歌は 好きですが、上手じゃありません。

2. 私は お酒を 好きです。でも しょうちゅうは あまり 好きじゃありません。

3. いちばん きらい 科目(かもく)は なんですか。

4. このへやは とても ひろいです。でも あまり きれくないです。

5. 成績は あまり いくありません。

　※ いちばん:가장　　科目(かもく):과목　　へや:방

　　ひろい:넓다　　成績(せいせき)

Unit 8

1. 쇼핑게임

1000엔, 100엔동전, 50엔동전, 10엔동전을 만들어서 주고 받으면 더욱 재미있다. 금액읽기에서 600, 3000 등의 읽기에 주의하고, 특히 4円은 よんえん이 아니라 よえん이라고 읽는 점도 주의해야 한다.

2. 何階ですか

일본어에서는 (층)은 「高層(こうそう)ビル」(고층빌딩) 등으로만 쓰고, 층수를 말할 때는 「階(かい)」라고 한다. 횟수를 나타내는 단위 「回(かい)」와 발음이 같지만, 「3階(さんがい)」와 「何階(なんがい)」와 만 예외적으로 「何階(がい)」로 발음한다.

Unit 9

1. 신체부위

＊手のこう(甲) : 손등

＊手のひら(平) : 손바닥

2. 날씨에 관한 표현

A: 天気は どうでしたか。　　　　날씨는 어땠어요?

B: よかったです。/ 寒かったです。좋았어요. / 추웠어요.

(晴れ, 雨, 雪 / 寒い, 暑い, すずしい, あたたかい, さわやかだ)

(주의) 「天気(てんき)」와 같은 표현은 없고, 「天気」는 주로 「天気がいい」 「天気がわるい」라는 표현으로 쓰인다.

3. イ형용사 활용

いい=よい. 활용할 때는 よい로 활용한다는 것 기억하자.

4.비교문의 주의사항

① 세 가지 이상의 선택항목이 있을 경우의 비교문

　「～と ～と ～(と)の なかで どれ(だれ/ どこ/ いつ)が いちばん ～ですか」와 같이 말하기도 합니다.

② 선택의 대상에 따라 だれ, いつ, なに, どこ 등 의문사가 바뀐다.

③ 「どちら」는 둘 중에 하나를 선택하는 표현이고, 「どれ」는 셋이상 중에 하나를 선택할 때 쓰는 표현이다.

Unit 10

위치를 나타내는 말

동서남북을 묶어서 말할 때는 東西南北(とうざいなんぼく), 따로 따로 읽을 때는 東(ひがし), 西(にし), 南(みなみ), 北(きた)로 읽는다.

※「そば, よこ, となり」는 모두 "옆"이란 뜻인데, 「そば」는 전후좌우상관 없이 아주 가까운 느낌, 「よこ」는 횡적으로 아주 가까운 경우, 「となり」는 사람끼리, 건물끼리 등 같은 종류가 이웃해있는 경우를 나타내므로, 같은 종류가 아닐 경우에는 「よこ」나 「そば」로 표현한다.

・いつまでも あなたの そばに います。

　언제까지나 당신 곁에 있겠습니다.

・公衆 電話の よこに 自転車が あります。

　공중전화 옆에 자전거가 있습니다.

・さとうさんの となりに もりさんが います。

　사토씨 옆에 모리씨가 있습니다.

Unit 11

1. 동사의 ます형

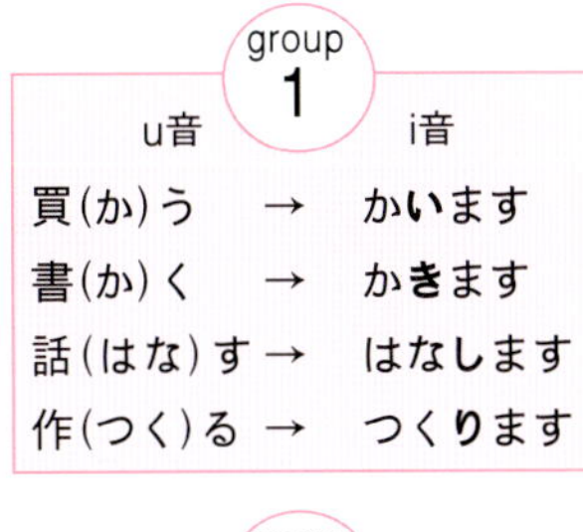

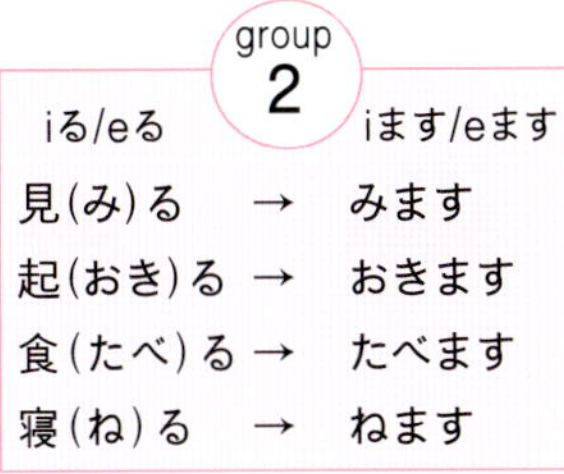

2.주의해야 할 동사

단, 형태는 2류동사지만, 1류동사에 속하는 것

入(はい)る	들어가다	入(はい)ります
走(はし)る	달리다	走(はし)ります
散(ち)る	지다	散(ち)ります
蹴(け)る	차다	蹴(け)ります
照(て)る	비추다	照(て)ります
切(き)る	자르다	切(き)ります

Unit 12

ます형에 접속하는 말

書きます	씁니다
書きませんか	쓰지 않을래요?
書きましょうか	쓸까요?
書きたい	쓰고 싶다
書きながら	쓰면서

●감수● 고바야시 아키코(小林 爽子)

일본 나가노현(長野県) 출생

동경대학(東京大学) 교양학과 졸업

오사카외국어대학(大阪外国語大学) 대학원 석사과정 수료(조선어학 전공)

前 한양대학교 일어일문학과 강사

　　배화여전 일어통역과 강사

　　숭실대학교 일본학과 강사

●저자● 김수지(金壽芝)

International Christian University High School 졸업

Aoyama Gakuin University (B.A)

Asian Center for Theological Studies and Mission (M.A)

前 삼성인력개발원 일본어강사

　　(株)SECOM 일본어강사

　　교육부주관 일본어교사 심화교육강사

　　숭실대학교 일본학과 강사

　　서강대학교 교양학과 일본어 강사

　　아세아연합신학대학교 선교언어학과 교수

일본어회화 Ⅰ

2판 5쇄	2019년 3월 25일
저자	김수지
삽화	석경미
발행인	이기선
발행처	제이플러스
	서울시 마포구 월드컵로 31길 62
	영업부 02-332-8320 편집부 070-4734-6248
홈페이지	www.jplus114.com
등록번호	제10-1680호
등록일자	1998년 12월 9일
ISBN	978-89-92215-88-6